KB205823

하나님께서 내면을 아름답게 변화시키어

그분께 다다르게 하신다.

13년 동안 팔레스타인에서의 그림 묵상

팔레에서
미친(美親)여자
이야기

저자 | 김은경

| 들어가며 |

선교사로 부르심을 받고 기대와 기쁨으로 들어간 팔레스타인 땅은 고립된 땅이었습니다.

비자문제로 함께하던 동료선교사들이 갑작스레 떠나버리고 고립된 팔레스타인 땅에서 나는 또 다른 고립 속에 갇힌 것만 같았습니다.

하나님마저도 팔레스타인과 팔레스타인들에게 그리고 남겨진 몇몇의 우리들에게도 더 이상 소망이 없으신 것만 같았고 우리를 그 땅에 부르신 그 부르심이 끝났다고 생각했었습니다.

남겨져 있던 몇몇의 동료선교사들 조차 각자의 길들로 가버리고 그렇게 그 땅에 홀로 남겨진 나에게 문제가 있음을 인식하게 된 사건이 있었습니다. 나는 팔레스타인에서 고아원, 정신병원에서 미술 수업과 미술치료를 하며 난민캠프 안에 거주하는 여성들을 대상으로 그들 스스로가 일을 하며 생계를 유지할 수 있도록 돕는 프로젝트를 진행하고 있었습니다. 그러던 어느 날 병원 일을 마치고 집에 돌아오기 위해 택시를 탔고 기사 아저씨는 목적지를 물으셨습니다. 답하려는 그 순간 언어와 기억력 장애가 왔습니다. 내가 사는 곳 이름도 그리고 무언가를 말하고 싶었으나 말이 나오지 않았습니다. 그날 내가 어떻게 집에 왔는지 기억도 없습니다. 집에 돌아온 나는 내가 이러다 미치는 것은 아닐까 하고 무서웠습니다.

선교 현장에서 5년차를 맞이하던 해에 저는 이 거친 풍랑을 만났습니다. 하나님은 이 거친 풍랑을 통하여 내 안에 온갖 더럽고 추악한 것들과 연약함들을 휘저어 드러나게 하셨습니다. 그것을 직면한다는 것은 끝이 어딘지 조차도 알 수 없는 내리막길 같았습니다. 그러나 그 내리막길 끝에서도 무뎌짐으로 인하여 습관처럼 아무렇지 않게 하나님 없이 살아가는 듯한 제 자신이 혹여 라도 하나님으로부터 튕겨져 나갈까 두려웠습니다. 그렇게 살아 있으나 죽은 자의 삶을 살던 저였습니다.

그런데 이 풍랑을 만나기전까진 몰랐었습니다.
내 영혼이 병들어 죽어가고 있었다는 것을.
풍랑은 내게 은혜이며 그 분의 사랑이고 기회라는 것을.
풍랑을 만났으나 은혜가운데 있던 저였습니다.
이러한 상황들 속에 하루하루를 보내던 제게 오랜 시간 동안 잊고 있었던
그림이 떠올랐습니다. 그저 그림을 그리고 싶다는 마음에서 시작한 것이
하나님께 나아가는 또 다른 통로가 되어 주었고 또한 나의 깊은 내면을 들여
다보는 시간들이 되기 시작하였습니다.

이 책은 선교 현장에서 그렇게 하나님 앞으로 나아가는 통로가 되어주었던
작은 드로잉들과 제 개인의 삶의 이야기들을 하나의 묶음으로 모아본 것들
입니다.
선교사로 부르심을 받고 9년의 기다림 후에야 약속의 땅에 들어갔으나 그
기다림 끝에 들어간 약속의 땅에서의 감격과 기쁨 그리고 감사의 삶들은 잠
시였고 나의 열심과 열정, 경험, 방법, 계획들로 가득한 자아의 실체가 드러
났습니다. 율법과 죄에 찌들어 살아가고 있던 나의 밑바닥을 보았습니다.
끊임없이 드러나는 나의 실체를 보며 언제까지 이 싸움이 진행되는 것일까
하고 좌절하고 실망도 했습니다. 그러나 나의 죄가 드러난 그 곳에는 하나
님의 은혜 또한 충만했습니다. 죄 된 나의 본성을 보고 하나님께 엎드리며
나아감으로 얻는 은혜는 부족한 나를 앞으로 나아가게 하는 힘이었습니다.

내 힘으로 무언가를 해보려고 하던 저는 가짜였습니다.
그렇게 하나님 앞에 부끄러운 자아를 발견해 가는 여정 가운데 인간의 악한
죄의 습성들이 얼마나 뿌리가 깊은지 알게 되었습니다.

나를 통해 세상의 죄를 보았습니다.
나를 통해 세상의 어리석음을 보았습니다.
나를 통해 세상의 믿음 없음을 보았습니다.

이러한 깨달음의 시간들 가운데 한 가지 의문점이 생겼었습니다.
어떻게 하나님과의 사귐이 없이 사람들은 살아갈 수가 있을까?
어떻게 그들은 아무렇지 않게 시한폭탄과도 같은 자기 삶의 문제들과 버거운 짐들을 지고 살아가는 것일까?
과거 내가 하나님과의 만남 가운데 성령 충만했든, 은사와 능력이 있었든, 어떤 놀라운 간증을 가지고 있든 이것들은 그저 과거에 불과할 뿐 중요한 것도 아니요 자랑거리도 아니라는 것을 그저 오늘 지금 현재 내가 하나님과의 만남과 사귐이 있느냐 없느냐, 내게 순간순간 다가오시는 하나님께 마음을 열어 받아들이고 있는가에 초점을 맞추는 삶이 되어야 한다는 것을 머리가 아닌 삶으로 경험하며 배우는 시간들이었습니다.

다소 그림들이 난해하고 이해하기 어려운 것도 있을 것입니다.
저 자신도 그 때 왜 이런 그림들을 그렸을까 하고 고개를 갸우뚱하는 부분도 있습니다.
그러나 그 순간만큼은 내가 표현하고 싶었던 것이었고 그것 또한 제게는 소중하기에 모든 것을 책에 담았습니다.

저자 김은경

12/05/2011

1

자아와의 만남

살아가면서 내가 넘어야 할 가장 큰 산은 내 자신임을 보게 된다.

사람들이 나에게 묻는다..
"선교현장에서 가장 힘든 건 무엇인가요?"
"가장 큰 장애는 무엇인가요?"
가장 많이 듣는 질문들이다.
나는 늘 동일한 답을 한다.
" 가장 나를 힘들게 하는 것, 가장 큰 장애물은 바로 저 자신입니다."

장점이든 단점이든 나 자신을 그대로 인정하고,
싫든 좋든 부인하지 않고 용납해 주기로 하며,
이 모습이 나였음을,
그리고 지금의 나의 모습임을 인정하기로 하자.

자아와의 만남의 시간이 필요하다.

이천십일년 오월 밤사이

2

생명의 주인은 오직 하나님이시다

멈춰라.

생각하라.

포기하지 말고 선택하라
그대들의 삶을.

죽음만이 마치 정답이고 해결책인 것 마냥
죽음을 향해 질주하는 사람들에 대한
안타까운 소식을 듣고 끄적여 본다.

3

혀의 힘

죽고 사는 것이 혀의 힘에 달렸나니
혀를 쓰기 좋아하는 자는 혀의 열매를 먹으리라
잠언 18:21

말은 죽이기도 하고 생명을 주기도하며
독약이 되거나 열매를 맺게 하거나
둘 중 하나이다.
선택은 내가 하는 것이다.

"비밀인데 너만 알고 있어야 해."
비밀이라면서 왜 말하는 걸까?

31·May. 2011

4
포기하지 말자

우리가 선을 행하되 낙심하지 말지니
포기하지 아니하면 때가 이르매 거두리라
갈라디아서 6:9

가끔은 내게 힘겹기만 한 현지인들과의 관계..
변하지 않는 행동과 말들..
속는 셈 치고 다시 웃어 보이는 내 모습이 가식적이다.
짐 싸서 한국으로 돌아가고 싶을 때가 있다.

내게 사랑이 없다.

없어도 너무 없다.

리더는 언제나 같은 말을 반복한다.
"포기하지 말자"

그래 포기하지만 않는다면..

5

항해

현실과 이상 사이에는 언제나 깊은 갭이 있다.

나는 현재를 살아가는 것보다
비현실 속의 동굴로 자주 들어가는 경향이 있다.
회피이다.

나의 발은 땅에 정착하지 못하고
나의 생각은 떠다니고 있다.
앞으로 나아가기 보다는 적당히 타협한다.

끝까지 포기하지 못하고 붙잡고 있는 모든 것.
가치를 두고 바라보고 있던 것들.
보이기 위해 치장했던 행실들.

이제 그만 내려놓고
하나님의 말씀을 받아들이고
하나님의 사랑을 그저 수용하는 것.
이것이 내가 해야 하는 영역인 것이다.

그분 안에 거하는 것.

2/June/2011 ⟶ 30/July/2014

6

현장에서 살아간다는 것

현장에서 산다는 것,
그것은 마치 동물원의 원숭이가 된 기분과도 같을까??
생김새가 다르고 피부 색깔도 다르고 무엇보다 동양 사람이라는 것
보자마자 수군대는 이들,
킥킥대며 돌을 던지는 이들,
지나칠 때면 꼭 한마디 하고 가는 이들,
나를 바라보는 그들의 시선이 싫어
언젠가는 그들의 모든 눈알을 뽑아버리고 싶기도 했었다.
자존심도 상하고 화도 나고 때론 소리도 지르고 싶고

이런 내게 말씀하신다.
그들이 그렇게 한다 하여서 나의 정체성이 변하는 것은 아니라고,
이러한 것들로 인해 중요한 것을 잃어버리지 않기를 원하신다는..
나의 정체성은 하나님의 딸이라는 것
이들은 사랑으로 긍휼히 여겨야 하는 대상임을
가족의 구원을 위하여 간절히 간구했었던 것과 같이
이들 또한 나의 가족과 다를 바 없이
그들의 구원을 위해 중보 해야 하는 대상들임을 잊지 말라 하신다.

5년이 흘러도 나는 여전히 같은 것들과 씨름하고 있고
하나님의 대사로 이 땅에서 살아간다 하면서
내가 놓치고 있는 게 많구나.

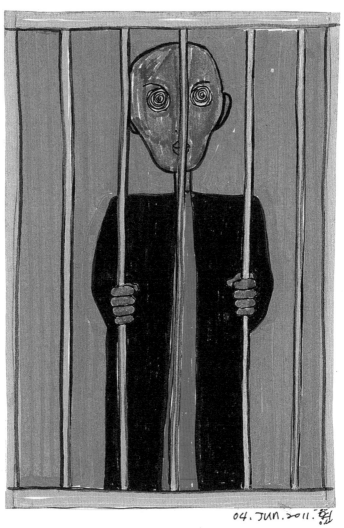

04. JUN. 2011.

7
너희는 세상의 빛과 소금이라

"너희는 세상의 소금이다.

소금이 짠 맛을 잃으면 무엇으로 그 짠 맛을 되찾게 하겠느냐?

바깥에 내버려서 사람들이 짓밟을 뿐이다.

너희는 세상의 빛이다.

산 위에 세운 마을은 숨길 수 없다.

또 사람이 등불을 켜서 말 아래에다 내려놓지 아니하고

등경 위에다 놓아둔다.

그래야 등불이 집 안에 있는 모든 사람에게 환히 비친다.

이와 같이 너희 빛을 사람에게 비추어서

그들이 너희의 착한 행실을 보고

하늘에 계신 너희 아버지께 영광을 돌리게 하여라."

마태복음 5:13-16

자칭 예수님의 제자라 하는 자들의 부패함과 타락에

세상이 심판자가 되는 도다.

10 / July / 2011 → 30 / July / 2014

8

마음의 쓴 뿌리

하나님의 은혜에서 떨어져 나가는 사람이 아무도 없도록 주의하십시오.
또 쓴 뿌리가 돋아나서 괴롭게 하고
그것으로 많은 사람이 더러워지는 일이 없도록 주의하십시오.
히브리서 12:15

정신병동 사역이 있던 날에..
하나님의 은혜에 이르지 못하면
쓴 뿌리가 나서 자신을 괴롭게 할뿐만 아니라
많은 사람을 고통스럽고 괴롭게 하며
자신의 그 쓴 마음으로 다른 이들까지도
오물을 뒤집어쓰게 만듦을 본다.

내가 할 수 없는 영역이다.
다만, 주님의 은혜를 구할 뿐이다.

9

온 몸을 더럽히는 혀

혀는 곧 불이요 불의의 세계라
혀는 우리 지체 중에서 온 몸을 더럽히고
삶의 수레바퀴를 불사르느니
그 사르는 것이 지옥 불에서 나느니라.

야고보서 3:6

A fool's lips bring him strife,
and his mouth invites a beating.
A fool's mouth is his undoing,
and his lips are a snare to his soul.
Proverb 18:6-7

Sunday, October 23, 2011

10

미련한 자의 입술이여

미련한 자의 입술은 다툼을 일으키고
그의 입은 매를 자청하느니라.
미련한 자의 입은 그의 멸망이 되고
그의 입술은 그의 영혼의 그물이 되느니라.

잠언 18:6-7

24 / Dec / 2012

너희 중에 죄 없는 자가 먼저 돌로 치라

율법학자들과 바리새파 사람들이
간음을 하다가 잡힌 여자를 끌고 와서
가운데 세워놓고 예수께 말하였다.
"선생님, 이 여자가 간음을 하다가 현장에서 잡혔습니다.
모세는 율법에 이런 여자들을 돌로 쳐 죽이라고
우리에게 명령하였습니다.
그런데 선생님은 뭐라고 하겠습니까?
그들이 이렇게 말한 것은 예수를 시험하여
고발할 구실을 찾으려는 속셈이었다.
그러나 예수께서는 몸을 굽혀서 손가락으로 땅에 무엇인가를 쓰셨다.
그들이 다그쳐 물으니 예수께서 몸을 일으켜 그들에게 말씀하셨다.
"너희 가운데서 죄가 없는 사람이 먼저 이 여자에게 돌을 던져라."
그리고는 다시 몸을 굽혀서 땅에 무엇인가를 쓰셨다.
이 말씀을 들은 사람들은 나이가 많은 이로부터 시작하여
하나하나 떠나가고 마침내 예수만 남았다.
그 여자는 그대로 서 있었다.
"여자여 사람들은 어디에 있느냐?
너를 정죄한 사람이 한 사람도 없느냐?"
여자가 대답하였다.
"주님 한 사람도 없습니다."
예수께서 말씀하셨다.
"나도 너를 정죄하지 않는다.
가서 이제부터 다시는 죄를 짓지 말아라."
요한복음 8:3-11

판단 받지 않으려면 남을 판단하지 말라.
판단과 비판을 보류하고
하나님의 입장에서 상대를 볼 수 있는 안목을 키워야 한다.
정죄하고 판단하는 것은 우리의 몫이 아님을..

10. Jan.13
31. Jul. 14

하나님과 재물을 겸하여 섬기지 못하느니라

너희를 위하여 보물을 땅에 쌓아 두지 말라
거기는 좀과 동록이 해하며 도둑이 구멍을 뚫고 도둑질하느니라
오직 너희를 위하여 보물을 하늘에 쌓아 두라
거기는 좀이나 동록이 해하지 못하며
도둑이 구멍을 뚫지도 못하고 도둑질도 못하느니라
네 보물 있는 그 곳에는 네 마음도 있느니라
눈은 몸의 등불이니 그러므로 네 눈이 성하면 온 몸이 밝을 것이요
눈이 나쁘면 온 몸이 어두울 것이니
그러므로 네게 있는 빛이 어두우면 그 어둠이 얼마나 더하겠느냐
한 사람이 두 주인을 섬기지 못할 것이니
혹 이를 미워하고 저를 사랑하거나
혹 이를 중히 여기고 저를 경하게 여김이라
너희가 하나님과 재물을 겸하여 섬기지 못하느니라
마태복음 6:19-24

모든 결핍은 하나님으로 살지 않기 때문이다.
소유하지 않고 포기한 만큼 풍성해진다.
영원치 않은 것에 영향을 받지 않도록 주의하자.
물질에 지배당하는 자가 아닌 물질을 다스리는 자가 되자.
재정의 공급자 되신 하나님을 신뢰함으로..

21. Jan. 2013

죄와 사망의 법에서 구원하신 예수님

주님께서 죄와 사망의 법에서 우리를 구원하셨습니다.
이것만으로 충분하지 않습니까?

좁은 길을 가는 것이 어려운 게 아니라
좁은 길을 선택하는 것이 어려운 것이다.

그러나 선택 이후 모든 것은
하나님께서 책임지시고 이끄신다.

29. Jan. 2013

14

늘 깨어있어야 함은

근신하라 깨어라
너희 대적 마귀가 우는 사자 같이 두루 다니며 삼킬 자를 찾나니
너희는 믿음을 굳건하게 하여 그를 대적하라
이는 세상에 있는 너희 형제들도 동일한 고난을 당하는 줄을 앎이라
베드로전서 5:8-9

자신의 삶이 가장 불쌍하고 고통스럽다고 말하며
꿈조차도 꿀 수 없는 게 현실이라 말하는 현지 친구들.
그들은 처한 상황을 돌파하기 보다는 어쩔 수 없기에,
할 수 있는 것이 없기에
그냥 그렇게 살다 인생이 끝날 것이라고 말한다.
언제나 대화의 끝은 자신들이 피해자이다.
이들 안에 가득한 자기연민이 이들을 집어 삼키고 있다.

자기 연민을 제거하자!!!

29. Jan. 13

15
죄를 정복하고 다스리기

네가 선을 행하면 어찌 낯을 들지 못하겠느냐
선을 행하지 아니하면 죄가 문에 엎드려 있느니라
죄가 너를 원하나 너는 죄를 다스릴지니라
창세기 4:7

구약의 질서는 하나님이 허락하시지 않으시면
원수는 우리에게 손댈 수 없었으나
신약의 질서는 죄가 있을 때
원수가 합법적으로 우리를 유린할 수 있다.

늘 깨어 있어라.
죄에 민감 하라.

16

세상에서 성공을 꿈꾸지 말라

전도자가 이르되
헛되고 헛되며 헛되고 헛되니 모든 것이 헛되도다
전도서 1:2

어느 날 학창시절 그림을 함께 배웠던 친구에게서 연락이 왔다.
또 다른 친구들과 선배와 후배들의 소식을 전해주었다.
그 날부터였을까 나는 일주일간을 끙끙 앓았었다.
육체적인 아픔이 아닌 마음 깊은 곳에서 신음하며 앓고 있었다.
시기와 질투였다.

그렇게 일주일이 되던 날에
나는 정신병원에 일하러 가기 위해 길을 걷고 있었다.
걷는 중에 하나님께서 내게 잔잔하게 물으셨다.
"후회하니?"
너무 놀라 걷던 걸음을 멈추었다.
나는 대답하지 못하고 다시 가던 길을 재촉했다.
밤에 집에 돌아와 하나님 앞에 나아가 펑펑 울었다.
내가 선교사로서의 삶을 후회하고 있었기 때문이다.
나도 유명한 화가가 되고 싶었고 될 수 있었을 텐데..
후회를 하고 있던 내 마음의 생각을 그분은 알고 있었던 것이다.
내 깊은 마음속에 여전히 욕망과 야망이 꿈틀대고 있었던 것을
나는 모르고 있었던 것이다.
이 영역을 건드릴 이가 내 주변에 없었을 뿐이었다는 것..
하나님보다 그림을 더 사랑했던 내가
여전히 그것을 포기하지 못하고 있었던 것이었다.
부끄러운 자아였다.

세상에서 말하는 성공을 향하여 너도 달려가려느냐?

10. Feb. 2013

17

도전하는 삶

예수께서 이르시되
할 수 있거든이 무슨 말이냐
믿는 자에게는 능히 하지 못할 일이 없느니라 하시니
마가복음 9:23

그리스도 예수 안에서
불가능에 도전하라.

12. Feb. 2013

18

정체성

가족으로부터 구타와 언어폭력에 시달리며
자신을 쓰레기 취급하는 친구 에스를 만나고 온 저녁에..

그리스도 안에서 우리의 정체성을 이해하는 것은
승리하는 기독교인의 삶을 사는 것이다.

우리의 정체성은
하나님께서 우리를 위해 무엇을 하셨는지
우리에 대하여 어떻게 말씀하시는지
바로 거기에서 오는 것이다.

우리 스스로를 쓰레기 취급하지 말자.
우리는 하나님의 존귀한 자녀이다.

14. Feb. 2013.

19

참된 길

그 때에 이스라엘에 왕이 없으므로
각기 자기의 소견에 옳은 대로 행하였더라
사사기 21:25

하나님과의 온전한 관계 안에서
세상을 바라보고 상대해야 한다.

정도의 길을 가라.
온전하지 않을 것들을 버리고 완성으로 가라.

15.09.2013.

20

우리는 모두 주가 필요하다

오랜만에 가진 지인들과의 만남.

자신들의 삶을 나누기에 분주하다.

세상이 정해놓은 성공이라는 기준 안에서

그 정상을 향해 달려가는 이들의 모습 속에서 깊은 외로움과 고독함을 본다.

지치고 상한 마음을 부르시는 주님께로 모두가 반응할 수 있기를..

그들은 모두 주가 필요하다.

17. Sep. 2013

21
슬픔이 변하여 기쁨이 되게 하시는 주

주께서 나의 슬픔이 변하여 내게 춤이 되게 하시며
나의 베옷을 벗기고 기쁨으로 띠 띠우셨나이다
이는 잠잠하지 아니하고 내 영광으로 주를 찬송하게 하심이니
여호와 나의 하나님이여 내가 주께 영원히 감사하리이다
시편 30:11-12

마음이 꿀꿀하던 어느 날 밤에..
그저 펜을 굴려보기 시작해본다.
끄적이는 동안 내 안에 있던 모든 꿀꿀함들은 어느새 사라지고
기쁨과 즐거움으로 그 분을 찬양하고 있는 나를 본다.

어떠한 상황과 감정과 상관없이 주님께로 나아가자.

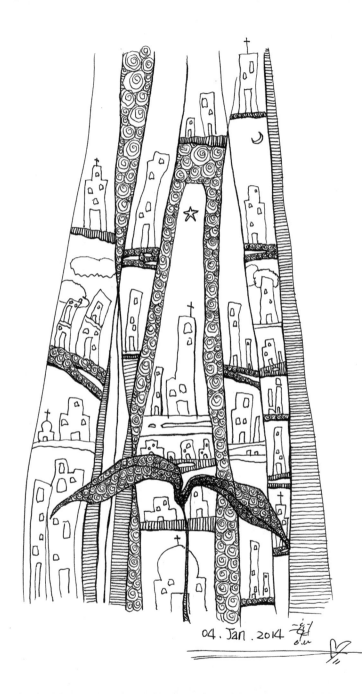

04. Jan. 2014

22

성장

내면의 건축

그가 거룩하게 된 자들을
한 번의 제사로 영원히 온전하게 하셨느니라
히브리서 10:14

거룩하고 흠 없는 자로 우리의 내면을 성장시키시고
온전하게 우리 자아를 교회된 자로서 건축하시는
하나님의 계획하심에 감사와 찬양을 드리며..

7/Mar/2014

23

너는 존귀한 자로다

정신병동 환자들을 보며 하나님의 사랑을 느끼다.

주께서 내 내장을 지으시며 나의 모태에서 나를 만드셨나이다
내가 주께 감사하옴은 나를 지으심이 심히 기묘하심이라
주께서 하시는 일이 기이함을 내 영혼이 잘 아나이다
내가 은밀한 데서 지음을 받고
땅의 깊은 곳에서 기이하게 지음을 받은 때에
나의 형체가 주의 앞에 숨겨지지 못하였나이다
내 형질이 이루어지기 전에 주의 눈이 보셨으며
나를 위하여 정한 날이 하루도 되기 전에는
주의 책이 다 기록이 되었나이다
시편 139:13:16

가족들조차 찾아오지 않는 깊은 고독과 외로움의 병원 생활
가족의 수치가 되어버린 그들이지만
하나님께서 보시는 그들은 참으로 귀하다.

그들을 향하신 하나님의 사랑을
그들도 온전히 받아 안을 수 있기를..

7/Mar/2014

24

죄를 인정하기 그리고 결단하기

우슬초로 나를 정결하게 하소서 내가 정하리이다
나의 죄를 씻어 주소서 내가 눈보다 희리이다
내게 즐겁고 기쁜 소리를 들려 주시사
주께서 꺾으신 뼈들도 즐거워하게 하소서
하나님이여 내 속에 정한 마음을 창조하시고
내 안에 정직한 영을 새롭게 하소서
나를 주 앞에서 쫓아내지 마시며
주의 성령을 내게서 거두지 마소서

시편 51:7-9

철저하게 자기 것으로 살지 않을 때 불신앙과 소유욕은 제거되리라.
하나님이 주시는 것으로 사는 인생으로 탐욕을 제거하라.
하나님이 채워서 사는 인생으로 오직 믿음으로 사는 인생이 되라.

모든 죄의 발상은 하나님을 의지하지 않는 것에서 시작된다.
그분의 말씀 앞에서 우리의 악랄한 죄를 볼 수 있어야 한다.

은밀히 감추어 둔 더럽고 추한 자신의 죄의 방을 청소하기.

17/Mar/2014.

25
두려움과 직면하기

하나님이 우리에게 주신 것은
두려워하는 마음이 아니요
오직 능력과 사랑과 절제하는 마음이니
디모데후서 1:7

두려움은 감정이 아닌 영적 질서이다.
두려움을 통해 원수는 무엇이든지 할 수 있다.

오직 하나님을 믿는 믿음으로 두려움과 직면하기.

20/APR/2014.

26
십자가의 도

십자가의 도가
멸망하는 자들에게는
미련한 것이요
구원을 받는 우리에게는
하나님의 능력이라
고린도전서 1:18

본질을 잊지 말자!!!

28/July/2014

27

힘의 근원

우리가 이 보배를 질그릇에 가졌으니
이는 심히 큰 능력은 하나님께 있고
우리에게 있지 아니함을 알게 하려 함이라
우리가 사방으로 우겨쌈을 당하여도 싸이지 아니하며
답답한 일을 당하여도 낙심하지 아니하며
박해를 받아도 버린바 되지 아니하며
거꾸러뜨림을 당하여도 망하지 아니하고
우리가 항상 예수의 죽음을 몸에 짊어짐은
예수의 생명이 또한 우리 몸에 나타나게 하려 함이라
고린도후서 4:8-12

하나님의 거룩함이 갖는 기쁨을 아는 자들은
하나님 없이는 결단코 살 수 없는 자들이다.
우리는 세상으로 살 수 없게 만들어 졌다.

28

구원으로의 초대

너희는 여호와를 만날 만한 때에 찾으라

가까이 계실 때에 그를 부르라

악인은 그의 길을, 불의한 자는 그의 생각을 버리고

여호와께로 돌아오라

그리하면 그가 긍휼히 여기시리라

우리 하나님께로 돌아오라

그가 너그럽게 용서하시리라

이는 내 생각이 너희의 생각과 다르며

내 길은 너희의 길과 다름이니라

여호와의 말씀이니라

이는 하늘이 땅보다 높음 같이

내 길은 너희의 길보다 높으며

내 생각은 너희의 생각보다 높음이니라.

이사야 55:6-11

십자가를 통한 구원으로의 초대

땅의 상태로 하늘을 보면 이해하기 힘들다.

우리의 생각을 죽이고 하나님의 뜻을 받아들여라.

하나님의 말씀을 통해 모든 기초를 만들어라.

철저하게 땅의 지체를 죽여라.

9/Aug/2014

29

새 사람을 입으라

너희는 유혹의 욕심을 따라
썩어져 가는 구습을 따르는 옛 사람을 벗어 버리고
오직 너희의 심령이 새롭게 되어 하나님을 따라
의와 진리의 거룩함으로 지으심을 받은 새 사람을 입으라
에베소서 4:22-24

나는 가짜였다.
진짜인 것처럼 보였을 뿐
완전한 가짜였다.
완전 짝퉁이었네.

완전한 섬김, 헌신이 아닌 버티기 식으로 있던 내게
주님께서는 당신의 은혜를 부으신다.
그리고 나의 실체를 보게 하신다.
그분의 은혜를 깨달으면 깨달을수록 나의 죄는 드러나고
난 껍데기였다는 것을 실감하게 된다.
주님께서 내게 가르침을 주신다.
그 가르치심 속에 난 나의 죄를 보게 된다.
그리고 죄를 인식하지 못하고 살아온 시간들,
죄의 심각성을 모르고 지나온 세월들을 보게 하신다.

십자가 앞에 내 자아가 철저하게 깨어지기를..

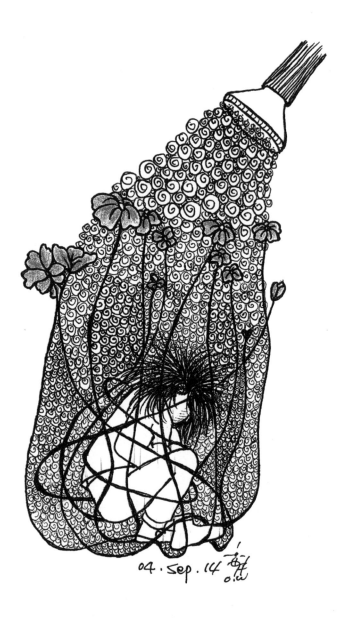

04. Sep. 14

30
온전한 사랑

사랑 안에 두려움이 없고
온전한 사랑이 두려움을 내쫓나니
두려움에는 형벌이 있음이라
두려워하는 자는
사랑 안에서 온전히 이루지 못하였느니라
요한일서 4:18

가장 큰 두려움은 내면 깊은 곳에서 만들어진다.

주님..
나는 당신의 것이오니 저를 구원하여 주시옵소서.
구원의 은혜가운데 날마다 거하게 하소서.

14 / Sep / 14

31

네가 내 안에, 내가 네 안에

주님과 독대하라

내 안에 거하라 나도 너희 안에 거하리라
가지가 포도나무에 붙어 있지 아니하면
스스로 열매를 맺을 수 없음 같이
너희도 내 안에 있지 아니하면 그러하리라
요한복음 15:4

"주님 저는 무엇을 준비해야 할까요?"
"사람들은 무언가를 준비한다고 할 때
먼저 언어나 기술, 자격증을 준비하고
시스템과 프로그램을 준비하지만
오직 내가 네게 준비하기를 원하는 것은
네가 내 안에, 내가 네 안에 거하는 것이다."

나의 마음을 준비하라 하신다.
내가 그분 안에 거하고 그분이 내 안에 거할 때
모든 것이 가능하다고..

행위가 아닌 중심에서부터 시작이다.

5 / November / 16

32

우리의 본분은

깨어지고 악해져가는 어두운 세상에서 빛을 바라기

경건한 자가 세상에서 끊어졌고
정직한 자가 사람들 가운데 없도다
무리가 다 피를 흘리려고 매복하며
각기 그물로 형제를 잡으려 하고
두 손으로 악을 부지런히 행하는도다
그 지도자와 재판관은 뇌물을 구하며
권세자는 자기 마음의 욕심을 말하며
그들이 서로 결합하니 그들의 가장 선한 자라도 가시 같고
가장 정직한 자라도 찔레 울타리보다 더하도다
미가 7:2-4

세상이 악해질수록
하나님의 사람들은 거룩해져야 한다.
선의 기준이 되어줘야 한다.
우리의 본분을 잊어서는 안 된다.

23 / November / 2014

33
죄의 습관으로부터 떠나라

그러므로 성령이 이르신 바와 같이 오늘 너희가 그의 음성을 듣거든

광야에서 시험하던 날에 거역하던 것 같이

너희 마음을 완고하게 하지 말라

거기서 너희 열조가 나를 시험하여 증험하고

사십 년 동안 나의 행사를 보았느니라

그러므로 내가 이 세대에게 노하여 이르기를

그들이 항상 마음이 미혹되어 내 길을 알지 못하는도다 하였고

내가 노하여 맹세한 바와 같이

그들은 내 안식에 들어오지 못하리라 하였다 하였느니라

형제들아 너희는 삼가 혹 너희 중에

누가 믿지 아니하는 악한 마음을 품고

살아계신 하나님에게서 떨어질까 조심할 것이요

오직 오늘이라 일컫는 동안에 매일 피차 권면하여

너희 중에 누구든지 죄의 유혹으로 완고하게 되지 않도록 하라

히브리서 3:7-14

반복되는 죄의 습관으로부터 떠나라!!!

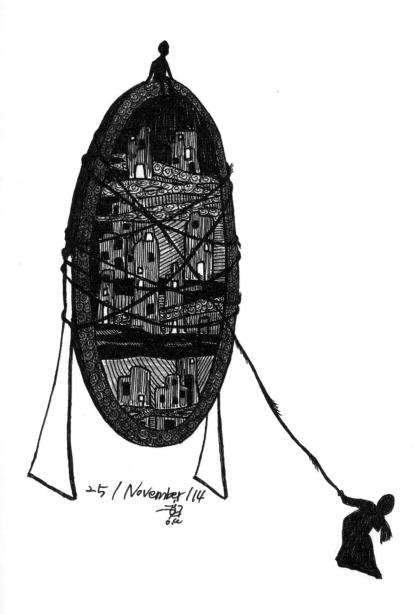

25 / November / 14

34

총체적 타락

하나님의 말씀은 살아있고 활력이 있어
좌우에 날선 어떤 검보다도 예리하여
혼과 영과 및 관절과 골수를 찔러 쪼개기까지 하며
또 마음의 생각과 뜻을 판단하나니
히브리서 4:12

총체적 타락이도다.
하나님 없이 살 수 있다는 모든 가능성을 버려라.
그렇지 않으면 그것들이 누룩과 같이 부풀어 올라
멸망의 길로 인도하리라.

하나님의 말씀에 완전히 착념하여
그 분만을 생각하고 눈은 그 분께로 고정시키며
다른 것을 보아서는 안 된다.
이것이 하나님의 사람들의 삶의 방식이다.
다른 가능성을 만들지 말라.

예수로만 사는 것이 유일한 삶임을 깨닫고 온전함으로 나아가라.
의인되지 않음은 곧 죽어가고 있는 것이다.
육신을 쫓아 사는 죽음의 삶을 버리고 영으로써 몸의 행실을 죽여라.

진리가 아닌 것에 끌려 다니지 않기!!!

35

마음아

모든 지킬 만한 것 중에 더욱 네 마음을 지키라
생명의 근원이 이에서 남이니라
구부러진 말을 네 입술에서 멀리 하라
네 눈은 바로 보며
네 눈꺼풀은 네 앞을 곧게 살펴
네 발이 행할 길을 평탄하게 하며
네 모든 길을 든든히 하라
좌로나 우로나 치우치지 말고
네 발을 악에서 떠나게 하라
잠언 4:23-27

마음아 요동치 말아라.

지금 마음의 주인은 누구?

01. Feb. 2015

36

자아 죽이기

은혜와 진리 안에 머물며 옛 자아를 제거하기

그러므로 내가 한 법을 깨달았노니
곧 선을 행하기 원하는 나에게 악이 함께 있는 것이로다
내 속 사람으로는 하나님의 법을 즐거워하되
내 지체 속에서 한 다른 법이 내 마음의 법과 싸워
내 치체 속에 있는 죄의 법으로 나를 사로잡는 것을 보는도다
오호라 나는 곤고한 사람이로다
이 사망의 몸에서 누가 나를 건져내랴
우리 주 예수 그리스로도 말미암아 하나님께 감사하리로다
그런즉 내 자신이 마음으로는 하나님의 법을
육신으로는 죄의 법을 섬기노라
로마서 7:21-25

은혜 안에 거하지 않을 때
자아는 여지없이 머리를 쳐들고 자신의 소리를 내려한다.
그러하기에 은혜가 필요하다.
철저하게 은혜로만 살아야 하는 것이다.

온전함으로 가는 삶의 여정
죽어지고 포기하고 내려놓는 것이 필요할 뿐..
부끄러운 자아로다.

온전함으로 가는 삶의 여정
버리고 또 버려야 하리라.

4/Mar/2015

37

정욕을 제거하라

주여호와의 말씀이니라
네가 잿물로 스스로 씻으며 네가 많은 비누를 쓸지라도
네 죄악이 내 앞에 그대로 있으리니 네가 어찌 말하기를
나는 더럽혀지지 아니하였다 바알들의 뒤를 따르지 아니하였다 하겠느냐
골짜기 속에 있는 네 길을 보라 네 행한 바를 알 것이니라
발이 빠른 암낙타가 그의 길을 어지러이 달리는 것과 같았으며
너는 광야에 익숙한 들암나귀들이
그들의 성욕이 일어나므로 헐떡거림 같았도다
그 발정기에 누가 그것을 막으리요
그것을 찾는 것들이 수고하지 아니하고 그 발정기에 만나리라
내가 또 말하기를 네 발을 제어하여 벗은 발이 되게 하지 말며
목을 갈하게 하지 말라 하였으니
오직 너는 말하기를 아니라 이는 헛된 말이라
내가 이방 신들을 사랑하였은즉 그를 따라 가겠노라 하도다
예레미야 2:22-25

비밀스러운 욕정으로 헐떡이는
기독교인을 성경은 생생하게 묘사하고 있습니다.
욕정이 일어나면 그 욕정을 따라다니며
쉽게 자신을 정욕에 내어준다는 말입니다.
비밀스런 관계를 갖는 사람들에게 야생 당나귀 영이 임합니다.
"그냥 이것이 내게 생겼어. 별 방법을 다해봤지만 포기가 안 되는걸요.
너무 오랫동안 중독이 되어서 끊을 수 없어요."
라고 말하는 사람들은 아셔야 합니다.
죄에 져서 야생 당나귀 영이 다시 당신을 정욕으로 몰아갈 때
그렇게 죄로 강퍅해지든지 아니면 하나님께 간구하십시오.
"오 하나님. 이 영을 제게서 영원히 꺾어주십시오."
야생 당나귀의 정욕은 하나님을 경외하는 마음이 없기에 존재합니다.
정욕을 제거하십시오.
- 데이빗 윌커슨

My chains are gone !

38
여호와로라

그가 내게 이르시되 인자야 네가 이것을 보았느냐 하시고
나를 인도하여 강가로 돌아가게 하시기로
내가 돌아가니 강 좌우편에 나무가 심히 많더라
그가 내게 이르시되 이 물이 동쪽으로 향하여
흘러 아라바로 내려가서 바다에 이르리니
이 흘러내리는 물로 그 바다의 물이 되살아나리라
이 강물이 이르는 곳마다 번성하는 모든 생물이 살고
또 고기가 심히 많으니
이 물이 흘러 들어가므로 바닷물이 되살아나겠고
이 강이 이르는 각처에 모든 것이 살 것이며
또 이 강가에 어부가 설 것이니
엔게디에서부터 에네글라임까지 그물 치는 곳이 될 것이라
그 고기가 각기 종류를 따라 큰 바다의 고기같이 심히 많으려니와
그 진펄과 개펄은 되살아나지 못하고 소금 땅이 될 것이며
강좌우 가에는 각종 먹을 과실나무가 자라서 그 잎이 시들지 아니하며
열매가 끊이지 아니하고 달마다 새 열매를 맺으리니
그 물이 성소를 통하여 나옴이라
그 열매는 먹을 만하고 그 잎사귀는 약 재료가 되리라
에스겔 47:6-12

여호와로라 여호와로라..

03. June. 2015

39
선택

내 고초와 재난 곧 쑥과 담즙을 기억하소서
내 마음이 그것을 기억하고 내가 낙심이 되오나
이것을 내가 내 마음에 담아 두었더니
그것이 오히려 나의 소망이 되었사옴은
여호와의 인자와 긍휼이 무궁하시므로
우리가 진멸되지 아니함이나이다
이것들이 아침마다 새로우니 주의 성실하심이 크시도소이다
내 심령에 이르기를 여호와는 나의 기업이시니
그러므로 내가 그를 바라리라 하도다
기다리는 자들에게나 구하는 영혼들에게 여호와는 선하시도다
예레미야애가 3:19-25

우리가 매번 상황이나 환경을 선택할 수는 없으나
우리는 그러한 상황이나 환경들 가운데
매번 어떻게 반응할 것인지를 선택할 수 있다.

선택에 따라 고초와 소망의 갈림길로 나눠진다.

11 / June / 2015 호

40

하나님께 소망을 두기

내 영혼아 네가 어찌하여 낙심하며
어찌하여 내 속에서 불안해 하는가
너는 하나님께 소망을 두라
나는 그가 나타나 도우심으로 말미암아
내 하나님을 여전히 찬송하리로다

시편 42:11

받은 은혜를 세어보라.
여전히 우리 주변에는 하나님이 주신 은혜로 충만하건만
환경과 상황 자신의 처지로 인하여 쉽게 낙심하고 불안해하기에
그분께서 부어주고 계신 은혜를 제대로 볼 수 없게 된다.

15. Oct. 2015

41

새로운 세대를 위한 기도가 있어야 한다

여호와를 경외하는 것이 지혜의 근본이요
거룩하신 자를 아는 것이 명철이니라
잠언 9:10

이 시대를 살아가고 있는 사람들에게는
더 이상 하나님의 말씀과 진리가 들어갈 틈이 보이지 않는 것만 같다.
자신들의 지식과 학벌을 내세우며 하나님은 없다라고 말한다.
하나님을 믿고 따르는 길이 어리석게 보인 듯 비아냥거린다.

자녀들아 거룩하신 자를 알지어다.
청년들아 이 세대를 본받지 말지어다.
아비들아 여호와를 경외할지어다.

이 세대를 어찌할꼬..

2016. 2. 1.

42

분별함으로

삶을 정돈하기

그러므로 형제들아
내가 하나님의 모든 자비하심으로 너희를 권하노니
너희 몸을 하나님이 기뻐하시는 거룩한 산제사로 드리라
이는 너희의 드릴 영적 예배니라
너희는 이 세대를 본받지 말고
오직 마음을 새롭게 함으로 변화를 받아
하나님의 선하시고 기뻐하시고
온전하신 뜻이 무엇인지 분별하도록 하라
로마서 12:1-2

민족사와 세계사를 움직이시고
결정하시는 분이 우리 안에 머무시기에
우리의 교회됨은 거룩한 처소가 되어야 한다.

2016. 3. 30.

43
생각은 결과를 가져온다

죄 된 생각이 행동으로 옮겨지는 것이다.

싸움에 쓰는 우리의 무기는,

육체의 무기가 아니라

하나님 앞에서 견고한 요새라도 무너뜨리는 강력한 무기입니다.

우리는 궤변을 무찌르고,

하나님을 아는 지식을 가로막는 모든 교만을 쳐부수고,

모든 생각을 사로잡아서, 그리스도께 복종시킵니다.

그리고 여러분이 온전히 순종하게 될 때에는,

우리는 모든 복종하지 않는 자를 처벌할 준비가 되어 있을 것입니다.

누구든지 자기가 그리스도께 속한 사람이라고 확신한다면,

자기가 그리스도께 속한 사람인 것과 같이,

우리도 그리스도께 속한 사람이라는 것을

다시 한 번 스스로 명심해야 할 것입니다.

고린도후서 10:4-7

생각은 결과를 가져온다.

죄 된 행동에는 죄 된 생각이라는 마음속의 뿌리가 있다.

모든 생각을 사로잡아서 그리스도께 복종시켜라.

2016. 4. 1.

44

성령 안에서 서로 사랑하라

판단은 분쟁과 분열을 일으킬 뿐이다.

그러므로 남을 판단하는 사람아,
누구를 막론하고 네가 핑계하지 못할 것은
남을 판단하는 것으로 네가 너를 정죄함이니
판단하는 네가 같은 일을 행함이니라
이런 일을 행하는 자에게
하나님의 심판이 진리대로 되는 줄 우리가 아노라
이런 일을 행하는 자를 판단하고도 같은 일을 행하는 사람아,
네가 하나님의 심판을 피할 줄로 생각하느냐
혹 네가 하나님의 인자하심이 너를 인도하여
회개하게 하심을 알지 못하여
그의 인자하심과 용납하심과 길이 참으심이 풍성함을 멸시하느냐
다만 네 고집과 회개하지 아니한 마음을 따라 진노의 날
곧 하나님의 의로우신 심판이 나타나는 그 날에 임할 진노를 네게 쌓는도다
하나님께서 각 사람에게 그 행한 대로 보응하시되
참고 선을 행하여 영광과 존귀와 썩지 아니함을 구하는 자에게는
영생으로 하시고
오직 당을 지어 진리를 따르지 아니하고 불의를 따르는 자에게는
진노와 분노로 하시리라
...
이는 하나님께서 외모로 사람을 취하지 아니하심이라
로마서 2:1-11

판단하지 말라.
우리는 모두 그 분의 은혜가 아니고서는
호흡조차도 불가능한 존재들임을..

성령 안에서 서로 사랑하라

45

죄인에서 의인으로

주님의 보혈로 인하여 죄인에서 의인으로의 신분변화

또 미리 정하신 그들을 또한 부르시고
부르신 그들을 또한 의롭다 하시고
의롭다 하신 그들을 또한 영화롭게 하셨느니라
로마서 8:30

죄 덩어리인 나를 의 덩어리로 바꾸시는 주님
부끄러운 자아입니다.
언제나 부끄러운 이 죄인을 어루만지시는 주님
당신으로 인하여 오늘도 이렇게 호흡할 수 있습니다.

모든 연약함을 가진 자임에도 불구하고
내가 살아갈 수 있는 이유는 오직 하나
주님이 내게 베풀어 주신 은혜입니다.

나의 생명이 주님께 있습니다.

46

마음의 악을 씻어 버리라

이보다 더 강한 바람이 나를 위하여 오리니
이제 내가 그들에게 심판을 행할 것이라
보라 그가 구름 같이 올라오나니
그의 말들은 독수리보다 빠르도다
우리에게 화 있도다 우리는 멸망하도다 하리라
예루살렘아 네 마음의 악을 씻어 버리라
그리하면 구원을 얻으리라
네 악한 생각이 네 속에 얼마나 오래 머물겠느냐
예레미야 4:12-14

화려함에 속고 달콤함에 속는 이들이여..
악의 속삭임이 언제까지 달콤하겠는가.
마음의 악을 씻어 버리라.
그리하면 구원을 얻으리라.

47

진짜가 된다는 것

하나님께서 그들을 부끄러운 욕심에 내버려 두셨으니
곧 그들의 여자들도 순리대로 쓸 것을 바꾸어 역리로 쓰며
그와 같이 남자들도 순리대로 여자 쓰기를 버리고
서로 향하여 음욕이 불 일 듯 하매
남자가 남자와 더불어 부끄러운 일을 행하여
그들의 그릇됨에 상당한 보응을 그들 자신이 받았느니라
또한 그들이 마음에 하나님 두기를 싫어하매
하나님께서 그들을 그 상실한 마음대로 내버려 두사
합당하지 못한 일을 하게 하셨으니
곧 모든 불의, 추악, 탐욕, 악의가 가득한 자요
시기, 살인, 분쟁, 사기, 악독이 가득한 자요
수군수군하는 자요 비방하는 자요 하나님께서 미워하시는 자요
능욕하는 자요 교만한 자요 자랑하는 자요 악을 도모하는 자요
부모를 거역하는 자요 우매한 자요
배약하는 자요 무정한 자요 무자비한 자라
그들이 이 같은 일을 행하는 자는 사형에 해당한다고
하나님께서 정하심을 알고도 자기들만 행할 뿐 아니라
또한 그런 일을 행하는 자들을 옳다 하느니라
로마서 1:20-32

세상에 악이 충만하고 충만하며 모든 것을 휩쓸어버릴 기세이다.
어떻게 하나님께서 우리를 유기하시며
어떻게 우리를 버리실 수 있을까 하고 생각하는 이들이여
하나님이 버린 것이 아니라
그대들이 하나님을 선택하지 않은 것이다.

48

깨어 거룩함을 이뤄가라

그는 육체에 계실 때에 자기를 죽음에서 능히 구원하실 이에게
심한 통곡과 눈물로 간구와 소원을 올렸고
그의 경건하심으로 말미암아 들으심을 얻었느니라
히브리서 5:7

원수의 거짓과 속임에 끌려 다니며 살아가는 이들
자신들이 끌려 다니며 사는지 조차도 모르는 이들
계속 이러한 삶을 살 것인지
아니면 속고 속는 이 삶을 끊을 것인지에 대해 선택해야 한다.
질질 끌려 다니는 삶을 끝내려면
우리 스스로가 우리를 이끄는 거짓과 속임의 줄을 끊어야 한다.
이것은 오직 우리 자신에게 달렸고
그 후에야 그분께서 도우실 수 있다.
인간이니까
연약하니까
어려우니까
어쩔 수 없으니까
주님도 우리와 똑같은 육체의 몸으로 오셔서
오직 철저하게 성령으로 사시며
거룩함을 완성해가는 삶이 우리 또한 가능함을 보여 주셨다.

지금 당신을 넘어지게 하는 그 생각, 그 마음,
더 이상 타협하지 말라.
더 이상 합리화하지 말라.

지금은 깨어서 우리의 거룩함을 이뤄가야 할 때이다.

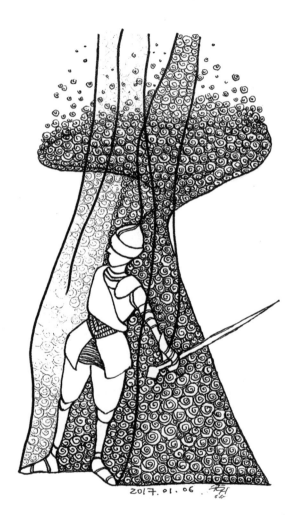

2017. 01. 06.

49

살리는 것은 영이니 육은 무익하니라

하나님을 섬기고자 하나 성령께 맡기지 못하는 이,
거룩한 것을 알고 그것을 소유하고자 하나 성령께 맡기지 못하는 이,
그 모든 노력에도 불구하고 성격상 헛된 것일 수밖에 없는 것.
살리는 것은 영이니 육은 무익하니라.

영적 실재,
즉 거룩한 것 그 자체에도 도달하는데 쓸모가 없는 것.
살리는 것은 우리들 안에 있는 생명의 영이라.

예배, 말씀, 기도, 삶의 순간순간이 성령께 맡기지 못하고
나의 감정, 생각, 경험, 방법 등으로 철저하게 장악해 왔던,
꼭두각시 인형처럼 자신을 조종해 왔던 자아를 보게 하신 새벽에..

자아가 철저하게 죽어지기를..
언제나 육체와 육체의 생각을 부인하기를..
성령의 내적 역사를 겸손과 믿음으로 기다리기를..

50

인생의 목적을 소유하는 것에 두지 말라

우리 인생의 목적은
소유가 아닌 포기이자 주기 위함이며,
베풀기 위함과 섬김이다.

자기가 소유한 것으로 인하여
그 누군가는 죽어가고 있다는 것을 알아야 한다.
하나님께서 주시지 않은 것으로 소유하며 사는 것은
우리에게는 무거운 짐이 된다.
심은 대로 거두는 원리이다.
자기 힘으로 가진 것이 기쁨을 주는 것이 아니라
자기 가진 것으로 인하여 고통스럽고
가진 것으로 짐을 지며 대가를 지불하는 것이다.
아무리 자신의 힘과 노력으로 거두어도 남는 것이 없는 것이다.
소유하지 않은 사람이 자유한 자이다.
영성의 최고의 목표도 완전히 비워지고
오직 주님의 통로만 되는 것이다.
내 존재방식의 틀이 느껴지지 아니하고
스스로 목숨을 보존하겠다는 틀도,
목숨에 대한 소유욕까지도 깨지는 것이다.
하나님이 세우신 것만이, 하나님이 주시는 것만이 영원한 것이다.
심령이 가난한 자만이 하나님의 영광의 풍성을 끌어낼 수 있다.
인생의 목적을 소유하는 것에 두지 말라.

2017. 2. 5 → 3. 8

51

날마다 자신의 삶을 점검하라

세상 바벨론은 하나님과 멀어지게 할 뿐이다.
원수가 원하는 주파수를 따라 사람들은 하나님과 멀어지고 있다.
영화, 티비, 컴퓨터, 모바일 폰 등을
통해 많은 이들이 깊고 신중하게 생각하며
논리적으로 생각하는 것을 싫어하게 되었다.
이것이 원수의 전략이다.

이미 사람들은 음란의 역사 가운데
하나님을 향해 수치감을 느끼지 못하며
자신들의 가진 것 안에서 안정감을 가지고 그것을 지키고자
서로가 뒤엉켜 허망함 가운데 멸망의 끝으로 추락하는도다.
원수가 만들어 놓은 학습에 익숙해지지 않도록 주의하라.

임재를 경험하는 것이 습관화되어야 한다.
세상이 잠깐 가져다 주는
명예, 권세, 안정, 쾌락의 짜릿함 가운데 만취함으로
허우적거리지 않도록 날마다 자신의 삶을 점검하라.

2017. 3. 30.

52

자기 우상화

우상은 자기 신격화이다

새긴 우상은 그 새겨 만든 자에게 무엇이 유익하겠느냐
부어 만든 우상은 거짓 스승이라
만든 자가 이 말하지 못하는 우상을 의지하니 무엇이 유익하겠느냐
나무에게 깨라 하며 말하지 못하는 돌에게
일어나라 하는 자에게 화 있을진저
그것이 교훈을 베풀겠느냐
보라 이는 금과 은으로 입힌 것인즉 그 속에는 생기가 도무지 없느니라
오직 여호와는 그 성전에 계시니
온 땅은 그 앞에서 잠잠할지니라 하시니라
하박국 2:18-20

소유욕, 안정욕, 명예와 성취욕, 권세와 쾌락욕
이 모든 욕심들은 자기를 신격화 하는데 필요한 욕심들이다.
이것들을 제거하지 못한다면
결과적으로 야훼마저도 우상이 되어버린다.
자신의 필요를 따라 무엇이든 상관없이
신격화시키는 도구로 사용하는 것이다.
물질의 욕심을 채우기 위해서 하나님을 이용하며
자기 욕구를 채우기 위하여
하나님을 자기의 틀 안에 가둬버리는 것이다.
자신의 힘으로 사는 것은 악이라는 것이다.
자기로 사는 것은 자기 우상화이다.

하나님의 말씀을 깊이 묵상하고
하나님과 깊이 교제하는 관계를 회복하라.

2017. 03. 24.

53

그리스도 안에서 죽은 자의 삶

모든 것이 헛되고 헛됨을
그 헛됨에 의미를 부여하며 살아가고 있던 내게
주일 교회 가기 전 아침에..

나 자신의 힘으로는 아무것도 할 수 없다는 것을
삶에서 얼마만큼 인정하며 살아가고 있을까?
왜 나는 사람들을 기피하며 그러한 자리를 피하는 걸까
이건 단순히 성격적인 문제뿐만이 아니라
스스로가 그 어떠한 결과를 기대하는 것
사람들에게 인정도 받고 싶고, 듣기 좋은 소리만 듣고 싶고,
그러나 나의 삶 가운데
그분이 주시는 기쁨과 감격 그리고 감사가 있는지
그분을 철저하게 의지하며 나의 목소리가 아닌
그 분의 뜻을 분별하며 서있는지
삶의 소망이 끊긴 듯한 좌절의 연속이었던
힘든 치료의 과정들 가운데 그저 하루하루 호흡한다는 것이 감격이더니
이제는 살만하니 그 감격은 없고 무뎌진 나를 보게 하신다.
내게 물으시기를
"네가 진짜 죽은 자이냐?
어찌 죽은 자가 불평과 비교 등 자신의 목소리를 낼 수 있겠느냐?
죽은 자에게 하루의 호흡을 다시 불어 넣어 삶을 맛보게 한다면
그 감격이 얼마나 크겠느냐? 그러한 감격과 기쁨이 네게 있느냐?"

그저 죽은 지로서 그 분이 허락하신 하루하루를
그 분이 이끄신 대로 순종하는 삶으로..
정체성을 잃지 않기를..

2017. 04. 06.

54

처절한 절망가운데 의지함으로

무엇을 주어도 비울 줄 아는 사람,
언제나 하나님의 의를 부각시키는 상태,
하나님의 의가 항상 삶을 감싸고 있는 상태,
내가 얼마나 큰 죄인인지를 깨닫는 것,
곧 은혜의 분량이다.

영성의 첫 번째 과정은 자신에 대해 처절하게 절망하는 것 같다.
자신의 무언가를 의지하는 것이 두려워지는 것이다.
인간은 타락한 본성으로 인하여 조금만 편해지면
자신의 것이 올라오려 들지만
처절하게 절망했던 경험이 있던 사람은
깊이 하나님을 의지하게 되는 것이다.

겸손해야 한다.
주님이 없이는 숨쉬기 힘들다는 것을 알 때
주님이 나의 호흡보다 가깝게 느껴지는 것이다.
나 자신으로 살지 않으면 이 모든 것들이 가능하리라.
육체로는 아무것도 할 수 없다.

주님 저는 당신의 것이오니 구원하여 주시옵소서.

2017. 4. 13.

55

진리 안에서의 돌파

거짓 속임들에 속지 말라.
돌파가 필요한 때이다.
계속적으로 돌파하며
더 높은 차원의 영광을 바라보라.

속임들에 당하지 말라.
진리 안에서의 돌파만이
우리를 계속적으로 깨워낼 수 있다.

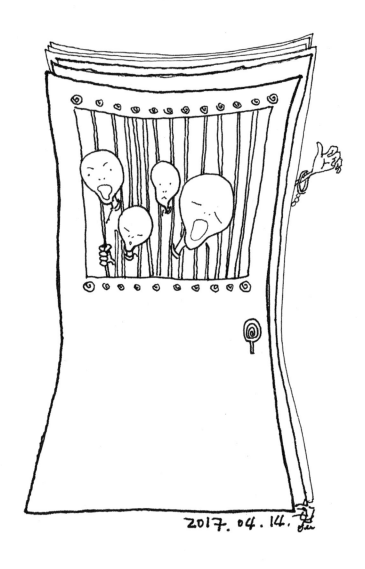

2017. 04. 14.

56

그 형제를 미워하는 자마다

그 형제를 미워하는 자마다 살인하는 자니
살인하는 자마다 영생이 그 속에 거하지 아니하는 것을
너희가 아는 바라
요한일서 3:15

우리는 날마다 너무도 쉽게 살인하며 살고 있는 건 아닌지
서로 사랑하라 부름 받았지
미워하며 시기하고 질투하는 살인자로 부름 받지 않았다.

마음속 감옥에 가두어 둔
모든 죄수들을 용서하고 풀어줘야 한다.

정결한 생각과 마음 그리고 사랑으로 자유해지도록..

25./Apr./2017.

57

하나님 안에 거하는 삶

하나님을 가까이 하는 것이 우리의 복이다.

하나님과의 올바른 관계성 안에서 거하지 않으면
나의 영혼은 어둠에 사로잡힘을 보게 된다.
늘 깨어있지 않으면
나조차도 인식하지 못할 그 선을 넘어가 있게 됨을..

세상도 사람도 그 모든 것을 하나님의 안목으로 볼 수 있어야 한다.
그렇기 위해서는 내 시각에 혁명이 필요함을 본다.
내가 아닌 하나님의 시선으로
모든 것이 그분과 나와의 관계성에서 오는 것임을
내가 그분 안에
그분이 내 안에

그 관계성 안에서는
더 이상의 두려움, 거절감, 수치감,불완전하고
불안정한 어떤 것들도 머물 수 없다는 것을..

관계성이다.

29/04/2017.

58
여호와를 경외함

하나님의 시선에서 우리 자신을 감출 수 없다.

여호와의 인자하심은 자기를 경외하는 자에게
영원부터 영원까지 이르며
그의 의는 자손의 자손에게 미치리니
시편 103:17

우리는 다른 이들의 시선에 대해서는 민감하면서도
하나님의 시선은 의식하지 못하는 것 같다.

그 누군가가 당신이 혼자 있을 때의 삶을
지켜보고 있다는 것을 안다면 당신은 어떻게 행동할 것 같은가?
분명 그 시선을 인식함으로 실수하지 않으려 최대한 노력할 것이다.

하나님의 시선이 우리의 삶 가운데 머물러있다는 것을
순간순간마다 인식한다면
우리는 절대로 멋대로 살지 못할 것이다.

여호와의 인자하심이 자기를 경외하는 자에게
영원부터 영원까지 이르리라.

59

하나님 자녀로서의 정체성

하나님의 것으로 재충전하기

하나님의 자녀로서 정체성의 자부심을 잃어버린 것에 대하여
깊은 회개가 일어나야 한다.
분명한 정체성을 가지고 있을 때
하나님께서 각 사람의 위치에서 그 사람을 책임지신다.
세상에 빠져 허우적거리는 삶을 살지 않겠다는 분명함으로
난 누구인가에 대해 바로 알아야 한다.
내가 누구인지를 망각하기에 내 영혼이 오염되고 더러워지는 것이다.

교회가 하나님의 교회가 아닌 인간의 교회로,
인간의 방법으로 타락해져가고 있는 것이다.
하나님 앞에서의 삶은 하기 싫은 것을
책임감으로 억지로 하는 것이 아니다.
정체성을 잃어버린 것은 구원의 문제를 점검해봐야 한다.

정체성을 바로 아는 것..
하나님의 자녀로서의 정체성을 바로 아는 자는
어떤 상황이나 환경 가운데에서도 결코 굴하지 않는 것이다.
성결의 영으로 그분의 임재 가운데 머무는 삶이 되는 것이다.

우리가 누구로부터 삶을 충전 받고 있는지
세상인지 아님 그분으로부터 인지..

그분 안에 거하지 아니하면 악함 밖에 드러날 것이 없도다.

02/MAY/2017

60
주님의 공급하심

아버지께서 주신 것으로만 사는 인생은 참으로 풍성하다.
이곳에 와서 살면서 이사를 많이 해
사람들로부터 베두인이라는 별명을 얻었다.
이사를 다니면서 생각하게 된 것은 싱글 자매들이 오면 살 수 있는
공동생활 집을 마련해두면 좋겠다는 것이었다.
나처럼 떠돌아다니지 않아도 되도록 말이다.
그런 마음으로 기도하던 내게 아버지는 필요들을 채워주셨고
그렇게 싱글 자매들이 오면
자연스럽게 내가 살던 집에서 함께 생활하게 되었었다.

그리고 나는 다른 집으로 독립하기로 결정하면서
하나님께 약속 드린 대로 모든 가구들을 그들에게 주기로 하였다.
어차피 처음부터 내 소유물이 아니었으니 단순한 삶을 살면 되는 것이고
필요하면 만들어 쓰고 그렇게 살자 하는 마음으로
이사를 준비하고 있을 때이다.
나의 생각과는 다르게 하나님은 모든 것을 미리 준비해 놓으셨다.
어느 선교사가 집을 정리한다며 전자제품부터 해서
가구와 식기용품이며 소소한 것까지 모두 내게 조건 없이 주었다.
내가 병원에서 일한다는 이유로..

분명 빈집이었었는데 뭐가 이리 많은지..
"하나님 이렇게 많은 걸 가져도 되는 걸까요?"

그렇다. 하나님께서 주신 것으로만 사는 우리네 삶인 것이다.
하나님이 주신 것만으로 살 때 그곳에 풍성함이 있는 것임을..
나의 욕심이나 노력, 힘이 아닌
그분께서 주신 것으로만 살면 되는 것이다.

11/May/07

61

착각

잘 가고 있다고 믿었는데
성장하고 있다고 생각했는데
착각이었다는 것을..

악의 집합체가 여전히 내 속에 있는데
은혜가 아니고서는 부끄러운 자아로다.

어떤 사람에게도 또 어떤 상황가운데에도
그리고 나 자신 조차에서도 기대하지 말라 하신다.

오직 주님만을 기대하라 하신다.
비워짐 그리고 내려놓음의 포기는 여기에서부터 시작됨을..

주님만을 기대하고 바라보며 나아가기

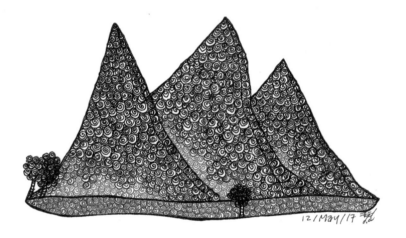

12/May/17

62
믿음 그리고 신뢰

내가 진정으로 너희에게 말한다.
너희에게 겨자씨 한 알만한 믿음이라도 있으면,
이 산더러 "여기에서 저기로 옮겨가라!" 하면
그대로 될 것이요, 너희가 못할 일이 없을 것이다.
마태복음 17:20

하나님의 말씀에 믿음으로 반응하라.
그분이 움직이는 영적 기능들을 퇴화시키지 말라.
성령에 민감하여 그분의 능력, 지혜, 믿음의 기능들을 활용하라.

네가 믿으면 곧 살리라.

15/MAY/17

63

하나님의 자녀들과 마귀의 자녀들

자녀들아 아무도 너희를 미혹하지 못하게 하라
의를 행하는 자는 그의 의로우심과 같이 의롭고
죄를 짓는 자는 마귀에게 속하나니 마귀는 처음부터 범죄함이라
하나님의 아들이 나타나신 것은 마귀의 일을 멸하려 하심이라
하나님께로부터 난 자마다 죄를 짓지 아니하나니
이는 하나님의 씨가 그의 속에 거함이요
그도 범죄 하지 못하는 것은 하나님께로부터 났음이라
이러므로 하나님의 자녀들과 마귀의 자녀들이 드러나나니
무릇 의를 행하지 아니하는 자나
또는 그 형제를 사랑하지 아니하는 자는
하나님께 속하지 아니하니라
요한일서 3:7-10

아무도 너희를 미혹하지 못하게 하라

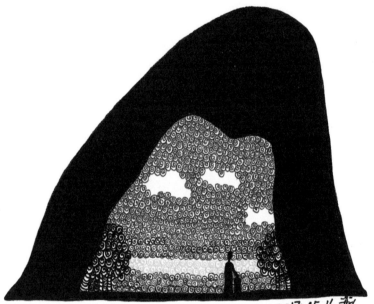

2017. 05. 16.

64

새 사람의 삶

하나님의 성령으로 봉사하며
그리스도 예수로 자랑하고
육체를 신뢰하지 아니하는
우리가 곧 할례파라
빌립보서 3:3

세상이 주는 것으로 살지 아니하고
하나님의 영 안에서 살아간다는 것,
옛 자아가 아닌 새 사람으로 사는 것에는 많은 도전과 모험이 따른다.

익숙한 자리에서 떠나는 것을 두려워하지 않기.
자신의 경험과 가진 것들을 의지하지 않기.
새로운 것을 받아들이는 것에 인색하지 않기.
모험을 즐기기.

17. May. 17. 그림

65

마음에 가득한 것을 입으로 말함이라

나무도 좋고 열매도 좋다 하든지

나무도 좋지 않고 열매도 좋지 않다 하든지 하라

그 열매로 나무를 아느니라

독사의 자식들아

너희는 악하니 어떻게 선한 말을 할 수 있느냐

이는 마음에 가득한 것을 입으로 말함이라

선한 사람은 그 쌓은 선에서 선한 것을 내고

악한 사람은 그 쌓은 악에서 악한 것을 내느니라

내가 너희에게 이르노니

사람이 무익한 말을 하든지

심판 날에 이에 대하여 심문을 받으리니

네 말로 의롭다 함을 받고

네 말로 정죄함을 받으리라

마태복음 12:33-37

5.20 → 7.21.2017. day

66

축복의 통로가 되고 있는가?

"축복의 통로 자의 삶이란 이런 것이 아니겠습니까?"
라며 자신 있게 말하는 어떤 이의 간증을 들으면서
내 주변의 사람들에 대해 떠올려보게 되었다.

그들의 삶이 변화되고 있는가?
내 삶의 경계 안으로 들어와 함께 하고 있는 이들의 삶,
어둠에서 빛을 보고 하나님 안에서 꿈과 소망을 가지고
힘차게 달려 나가고 있는가?
비록 상황과 환경이 처참하다 할지라도
그들이 하나님 안에서 기쁨을 누리고 있는가?
축복의 통로자로서의 삶을 살아가고 있는지
아니면 그 축복을 막고 있지는 않는지
생각해보게 되는 시간 가운데..

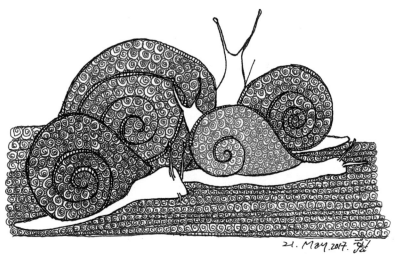

21. May. 2017.

67

내면의 변화와 성장

늦더라도 옳은 길로 바르게 가기

언어, 문화, 환경, 외모, 자라온 과정들이 다르다 할지라도
결국 모두가 같은 내면의 문제들을 껴안고 살아가고 있음을 본다.
인간의 기준 안에서 누가 옳고 그르다 정의할 수 있을까.

결국 우리의 삶의 기준은 하나님의 말씀이 되어야 하며
그 진리 안에서 처절하게 몸부림치며 내면의 자아와 부딪혀야 하는 것이다.

그렇게 내면의 변화와 성장을 통해서
거룩하고 흠 없는 이로 한 걸음 한 걸음 나아가는 것이다.

May /24/2017

68
여호와는 나의 목자

여호와는 나의 목자시니 내가 부족함이 없으리로다
그가 나를 푸른 초장에 누이시며
쉴만한 물가로 인도하시는도다
내 영혼을 소생시키시고
자기 이름을 위하여 의의 길로 인도하시는도다
내가 사망의 음침한 골짜기로 다닐지라도
해를 두려워하지 않을 것은 주께서 나와 함께 하심이라
주의 지팡이와 막대기가 나를 안위하시나이다
주께서 내 원수의 목전에서 내게 상을 베푸시고
기름으로 내 머리에 바르셨으니 내 잔이 넘치나이다
나의 평생에 선하심과 인자하심이 정녕 나를 따르리니
내가 여호와의 집에 영원히 거하리로다

시편 23:1-6

사방이 막힌 것 같으나 주께서 물꼬를 트시고
생명이 흘러가게 하시리라.
주께서 영혼을 소생시키시고 의의 길로 인도하시도록 힘을 빼자.

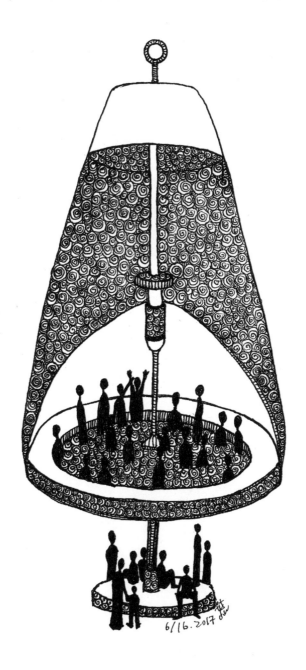

6/16.2017

69

여호와께서 악하게 여기시는 일

하나님의 뜻이라 말하지만 자기들만의 잔치일 뿐..

사울이 사무엘에게 이르되
나는 실로 여호와의 목소리를 청종하여 여호와께서 보내신 길로 가서
아말렉 왕 아각을 끌어왔고 아말렉 사람들을 진멸하였으나
다만 백성이 그 마땅히 멸할 것 중에서 가장 좋은 것으로
길갈에서 당신의 하나님 여호와께 제사하려고
양과 소를 끌어왔나이다 하는지라
사무엘이 이르되
여호와께서 번제와 다른 제사를
그의 목소리를 청종하는 것을 좋아하심 같이 좋아하시겠나이까
순종이 제사보다 낫고 듣는 것이 숫양의 기름보다 나으니
이는 거역하는 것은 점치는 죄와 같고
완고한 것은 사신 우상에게 절하는 죄와 같음이라
왕이 여호와의 말씀을 버렸으므로
여호와께서도 왕을 버려 왕이 되지 못하게 하셨나이다
사무엘상 15:20-23

우리가 말하는 하나님의 뜻과
우리가 말하는 하나님을 위한 행위들 하나하나에
우리의 개인적인 사심이나 목적이 들어가 있는 것은 아닌지..

하나님을 앞서가지 않기.
하나님의 말씀에 우리의 생각이나 뜻을 더하지 않기.

6. 17. 2017.

70

모든 것은 하나님이 하셨습니다

범사에 기한이 있고 천하만사가 다 때가 있나니
날 때가 있고 죽을 때가 있으며 심을 때가 있고
심은 것을 뽑을 때가 있으며
죽일 때가 있고 치료할 때가 있으며
헐 때가 있고 세울 때가 있으며 울 때가 있고 웃을 때가 있으며
슬퍼할 때가 있고 춤출 때가 있으며
돌을 던져 버릴 때가 있고 돌을 거둘 때가 있으며
안을 때가 있고 안는 일을 멀리 할 때가 있으며
찾을 때가 있고 꿰맬 때가 있으며 잠잠할 때가 있고
말할 때가 있으며 사랑할 때가 있고 미워할 때가 있으며
전쟁할 때가 있고 평화할 때가 있느니라
전도서 3:1-8

어그러지고 무너지고 깨어져버린 나의 인생을
퍼즐처럼 다시 맞춰 가시는 하나님의 은혜가 있다.
이런 날도 있고 저런 날도 있다 하나
때를 따라 도우시는 하나님의 은혜의 감동이 더욱더 벅차오름은
모든 것을 그분이 하셨기 때문이리라.

우리의 힘과 노력이 아닌
전적으로 하나님이 이끌어 가시는 우리네 인생임을..

하나님께서 행하시는 모든 것은 영원히 있을 것이라
그 위에 더 할 수도 없고 그것에서 덜 할 수도 없나니
하나님의 모든 은택을 잊지 말지어다.
모든 교육을 마치고 하나님이 하신 일에 그저 감사한 날에..

6. 21. 2017.

71

하나님 앞에서 정결하고 더러움이 없는 경건으로

내 사랑하는 형제들아 너희가 알지니
사람마다 듣기는 속히 하고 말하기는 더디 하며 성내기도 더디 하라
사람이 성내는 것이 하나님의 의를 이루지 못함이라
그러므로 모든 더러운 것과 넘치는 악을 내버리고
너희 영혼을 능히 구원할 바
마음에 심어진 말씀을 온유함으로 받으라
너희는 말씀을 행하는 자가 되고
듣기만 하여 자신을 속이는 자가 되지 말라
누구든지 말씀을 듣고 행하지 아니하면
그는 거울로 자기의 생긴 얼굴을 보는 사람과 같아서
제 사진을 보고 가서 그 모습이 어떠했는지를 곧 잊어버리거니와
자유롭게 하는 온전한 율법을 들여다보고 있는 자는
듣고 잊어버리는 자가 아니요 실천하는 자니
이 사람은 그 행하는 일에 복을 받으리라
누구든지 스스로 경건하다 생각하며 자기 혀를 재갈 물리지 아니하고
자기 마음을 속이면 이 사람의 경건은 헛것이라
하나님 아버지 앞에서 정결하고 더러움이 없는 경건은
곧 고아와 과부를 그 환난 중에 돌보고
또 자기를 지켜 세속에 물들지 아니하는 그것이니라

야고보서 1:19-27

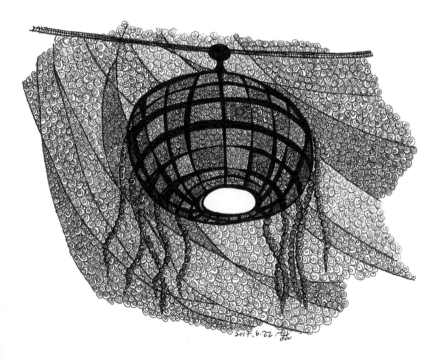

2017.6.22. 李

72

성령과 함께하는 감격의 삶

홀연히 하늘로부터 급하고 강한 바람 같은 소리가 있어
그들이 앉은 온 집에 가득하며
마치 불의 혀처럼 갈라지는 것들이 그들에게 보여
각 사람 위에 하나씩 임하여 있더니
그들이 다 성령의 충만함을 받고
성령이 말하게 하심을 따라 다른 언어들로 말하기를 시작하니라
사도행전 2:2-4

모든 것들이 기도할 때마다 하늘 문이 열리고
실제화 되는 것을 맛볼 수 있다면 얼마나 감격스러울까?
세상은 점점 어두워지나 하나님께서 이루시고자 하시는
남은 자들의 거룩함은 점점 넓어지게 되어있다.

항상 기도하라
마음을 잃지 않도록..

6.22.2017.

73

삶의 최대 위기는

하나님께 나아가지 아니하고
어떻게 그 관계가 유지될 수 있다고 생각하는가?

우리의 삶 가운데 그리스도가 사라지고 있다면
그것이야말로 최대 위기가 아니겠는가?

우리의 삶에 십자가의 흔적은 사라지고
세상의 것으로 가득 채워지고 있다면
우리는 최대 위기에 봉착해 있다는 것을 알아야 한다.
그리고 즉시로 돌아서야 한다.
세상이 아닌 그리스도께로..

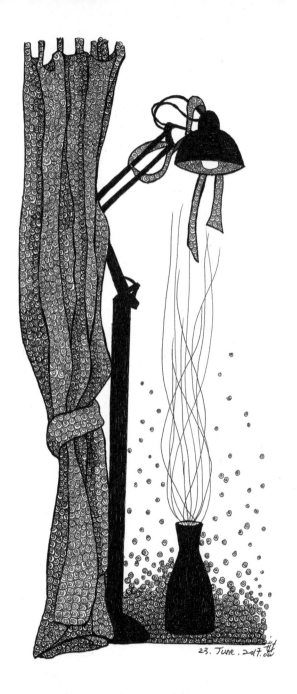

23. June. 2017.

74

기도는

너는 기도할 때에 네 골방에 들어가 문을 닫고
은밀한 중에 계신 네 아버지께 기도하라
은밀한 중에 보시는 네 아버지께서 갚으시리라
마태복음 6:6

기도 시간은 승리가 실재화 되며
하나님의 거룩함과 거룩한 사랑이 실재 되는 시간이 되어야 한다.
기도의 능력을 **빼앗기면** 아무것도 할 수 **없다.**
"기도밖에 할 것이 없으니 기도나 하지 뭐"라는 말은 하지 말라.
기도는 우리에게 있어 최고의 무기이기 때문이다.
기도에 대한 우리의 사고 자체를 바꿔야 한다.

기도가 실제화 되어야 하는 이유는
기도는 하나님과의 전적인 동역이며
기도를 통해 하나님께서 움직이시기 때문이다.

진정한 기도의 능력은 하루아침에 일어나지 않는다.
기도는 전체적 측면에서 하나님과의 만날 수 있는 상태가 되어야 한다.

기도를 통해 하나님과의 교제권 안으로 들어가라.
기도를 통해 강력한 임재 가운데 들어가는 것을 사모하라.
기도를 통해 우리의 내면이 고요함으로 요동치 않도록 하라.

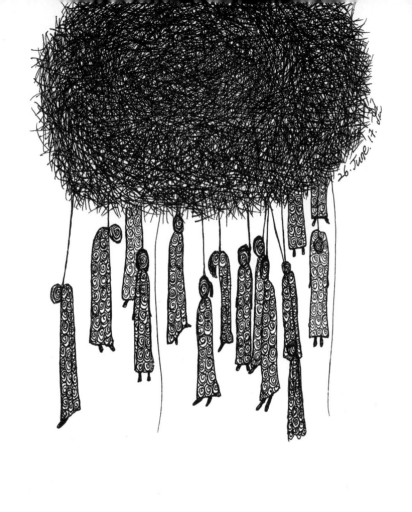

75
세상을 사랑한다는 것은

우리의 씨름은
혈과 육을 상대하는 것이 아니요
통치자들과 권세들과 이 어둠의 세상 주관자들과
하늘에 있는 악의 영들을 상대함이라
그러므로 하나님의 전신 갑주를 취하라
이는 악한 날에 너희가 능히 대적하고
모든 일을 행한 후에 서기 위함이라
에베소서 6:12-13

세상을 사랑하고
세상에서 안식하는 것은
원수의 먹잇감이 되는 것 외에는 다른 유익이 없다.

거룩함으로 구원을 이뤄가라.
사랑하는 가족들과 사람들의 구원을 위하여 깨어 기도하라.

거룩한 분노로 악의 세력과 맞서라.

2 / July / 2017.

76

가족 공동체 가운데 날카롭게 선 칼날

끝으로 형제들아 무엇에든지 참되며
무엇에든지 경건하며 무엇에든지 옳으며
무엇에든지 정결하며 무엇에든지 사랑 받을 만하며
무엇에든지 칭찬 받을 만하며 무슨 덕이 있든지
무슨 기림이 있든지 이것들을 생각하라
너희는 내게 배우고 받고 듣고 본 바를 행하라
그리하면 평강의 하나님이 너희와 함께 계시리라
빌립보서 4:8-9

주님이 말씀하셨던
부모가 자식을, 자식이 부모를 죽이며 대적하는 시대가 도래하였다.
사랑과 헌신으로 돌보기보다는 자신의 이익과 행복을 위해서라면
모든 걸림돌이 되는 것들은 가차 없이 제거하고 파괴하는 시대.
부모와 자식 간에 사랑이란 옛말이 되어버리고 있는 듯하다.
그렇게 가족이란 공동체가 무너지고 있다.

우리의 죄로다.
교회가 그리고 예수님의 제자라 말하는 우리들이
배우고 받고 듣고 본 바를 바로 행하지 못하고
세상에 빛과 소금의 역할을 함으로 본이 되어주지 못한 것에 대한
깊은 회개와 애통함이 있어야 한다.

77

인격화된 모든 죄를 제거하라

예수님을 믿지만 음란, 혈기, 판단 등이 인격화 된 이들이 있다.
몸을 입고 있는 동안 이 땅에서 깊은 회개가 있어야 한다.
완전한 부활을 방해하는 우리 안에 오염되고
인격화된 모든 죄를 제거해야 한다.

우리에게 주신 영광이 제한되지 않는 상태가 되어야 한다.
모든 오염된 인격들이 제거되고 거룩함으로 충만해져야 한다.
그러기 위해서는 먼저는 회개가 있어야 한다.

애통과 영적 순발력이 있어야 한다.
자신의 거룩하지 못함과 그렇게 살지 못함에 애통할 줄 알아야 한다.
판단을 보류하고 성령의 음성을 듣는 단순한 삶이 우리에게 있어야 한다.

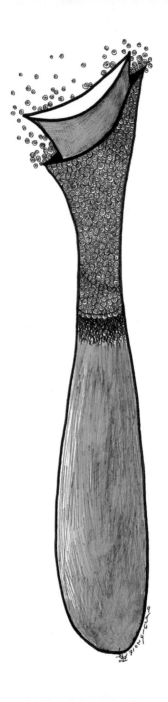

78
믿음은

믿음은 하나님의 선물이다.
믿음을 키울 수 있는 것은 자신을 비워내는 것이다.
자기를 비우고 하나님으로 채우는 가난한 심령이 되어야 한다.
의에 주리고 목마른 심령으로 가는 것이다.
믿음은 우리가 키울 수 있는 게 아니다.

마음이 청결한 자는 하나님을 본다.
하나님과의 교제에 막힘이 없는 청결한 심령이 되어야 한다.
믿음을 통해서 하나님의 능력으로 보호되는 것이다.
믿음은 하나님의 보호하심에 중요한 것이다.
하나님의 자녀이기 때문이다.

하나님의 성령, 말씀, 보혈의 능력이 우리를 보호하신다.
하나님의 자녀가 거룩하지 않는 것이 기적이다.
거룩해지지 않는 것은 믿음이 없기 때문이다.
하나님과 제대로 살아가면 점점 하나님과 사는 것이 쉬워지고
세상과 사는 것이 어려워진다.
구원을 받는 날부터 이 믿음을 통해서 우리를 하나님은 보호하신다.
이것은 하나님의 의지이다.

지금 현재도 우리를 거룩의 완성으로 이끌어가야 한다.
날마다 믿음의 선물을 받아들여야 한다.

10/July/2017.

79
내 안에 내가 너무 많다

내 작은 소견과 한계 가운데서
성령을 말한다는 것이 얼마나 어리석은지..

성령을 제한하지 않는 삶,
내 안에 계신 성령님께서 얼마나 다양하신지,
내 작은 테두리 안에서 경계를 짓지 않도록 해야 하는데..

자아를 비워내는 것은
나의 의지와 노력으로 되지 않는다는 것을,
열심만 앞서는 것이 아닌 삶 가운데 열매가 있기를,
내가 아닌 성령을 기대함으로..

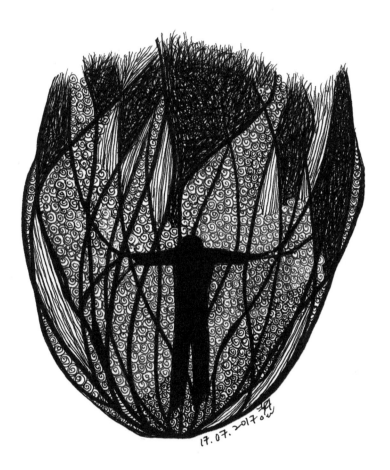

17. 07. 2017 ow

80
지속적인 성장과 거룩함으로

살아있다는 것은 지속적인 변화가 있다.
그러하기에 교회는 생명이다.
사역하다가 오염되어 죽는 이들이 많다.

사역할수록 영성의 성장과 변화가 있어야 하는데
사역하다가 타락하는 것은 하나님의 의지가 아니다.

지속적으로 성장하고 거룩해지는 것
이것이 곧 하나님의 의지이다.

새사람을 통해 성령께서 말씀하시고 일하신다.
날마다 새로워져야 한다.

30/07/2017.

81

주기도문

주기도문은
방향성이 내 중심에서
하나님 중심으로 변하는 것이다.

신앙의 성장은
근본적으로 행위의 문제가 아니라
하나님 의지의 중심으로 하나님을 깊이 알아가는 것이다.

내 중심에서 하나님 중심으로..

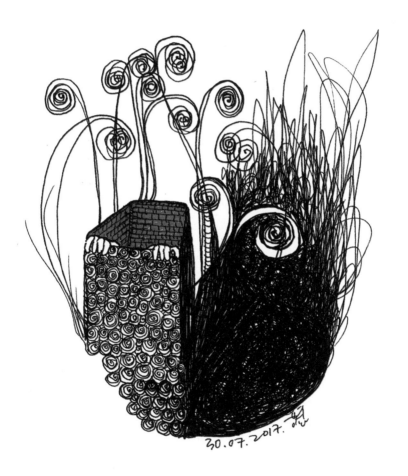

30.07.2017.

82

하늘에 계신 우리 아버지여

창조주는 초월하는 신이면서도 동시에 내주하는 신이다.
하나님께선 시간과 공간을 초월하시는 편재함의 실제가 이루어진다.

생명의 관계로 우리의 영은
언제나 하나님이 생명임을 인정하고 받아들이며 살아가야 한다.
영의 상태는 늘 성령님이 자아를 주장하도록 열려 있어야 한다.
옛 자아 상태로 살지 아니하고 새 자아로 의지를 바꾸는 것은
자아를 쪼개는 것으로 자아가 쪼개지면 임재가 이뤄진다.
주님이 우리 안에,
우리가 주님 안에

모든 우주 만물을 주관하시는 분이
우리의 하늘 아버지라는 확신을 가지고
편재하신 아버지를 만나야 한다.

31. July. 2017.

83

이름이 거룩히 여김을 받으시오며

체면 때문에 자기 명예와 자신을 드러내는 자아로 살지 아니하고
모든 것을 자기중심, 자기의 힘과 노력,
자기 방법 등으로 하려는 것을 죽이고
그 분의 이름만 높여 주시옵소서 하며
동시에 나의 이름은 낮아지는 고백이다.

자기 영광, 자기 소유를 내려놓음이다.
자아가 죽어지면서 동시에 일어나는 영적질서이다.

겸손을 통해 하나님은 나를 거룩하게 만드시고
나를 통해 하나님의 거룩함을 드러내신다.

84

나라가 임하시오며

하나님께서 왕 되신 하나님 자녀들의 질문은 하나님의 뜻을 묻는 것이다.
하나님의 뜻이 확정되기까지 움직이지 않고 기다리는 것이다.
자기가 있는 자리에서 스스로 일하려 들지 아니하고
자신이 왕 됨을 포기하며 나아간다.

선입관은 100% 옛 자아로 가기 때문에 버려야 한다.
나의 계획, 방법, 목적, 선입견 등을 철저하게 죽여야 한다.
하나님의 나라가 확장되면 나의 나라는 멸망되어간다.

하나님 나라의 확장을 위해
나의 왕국, 자아를 철저하게 버릴 수 있도록 기도하자.
나의 노력을 포기함으로 하나님께서 다스려 주시기를,
그리스도의 평강이 마음을 주장하게 하고 감사하는 자가 되기를..

85

뜻이 하늘에서 이루어 진 것 같이 땅에서도 이루어지이다

하나님의 뜻이 존중되면 하늘의 것들이 만들어지며
또 다른 차원에서의 하나님의 사랑이 품어져 나온다.
하나님의 뜻이 아닌 것은 땅의 것으로 충만케 되며
육적인 평안함으로 가득해지려한다.

땅이 하늘화 되는 것은 하늘의 것들을 받아들이고
이것을 통해 심령의 기초를 만드는 것이다.

계시는 신령한 은사가 아닌 삶의 중심,
동기가 오직 하나님인 사람들이 듣는 것이다.
그분과 코드가 맞을 때 그분의 음성을 분명하게 듣게 되는 것이다.
성경이 계시를 통해 들릴 때 레마가 되며 실제적 능력이 되는 것이다.
모든 것을 하나님을 통해 보는 눈을 가져라.
날마다 하나님의 뜻을 받아들여라.

기도는 하늘로부터 와서 땅에서 해결되는 것이다.
하나님의 의지가 내게 와서 실현되는 것이다.
자신의 욕망, 의지가 아닌 하늘의 소리를 듣고 기도하라.

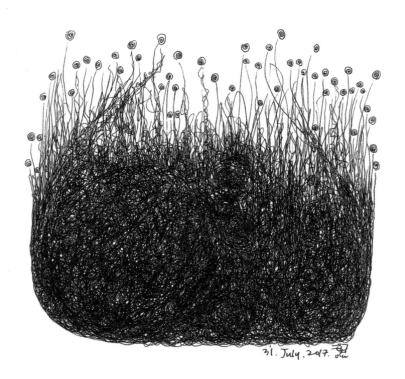

31. July. 2017.

86

오늘 우리에게 일용할 양식을 주시옵고

일용할 양식은 새 사람으로 살아가기 위한 양식이다.
옛 자아를 죽이고 새 사람으로서의 에너지를 뽑아내야 한다.
새 사람이 강성해져야 한다.

하늘의 것으로 살 수 있는 양식을 구하는 것은 신실한 삶이다.
기도를 하고 안하고가 아니라
하나님을 의지하는 상태에 있어야 한다.

02/Aug/17 — 29/05/19.玄

87

우리가 우리에게 죄지은 자를 사하여 준 것 같이
우리 죄를 사하여 주시옵고

판단하고 정죄하는 옛 사람이 주는 피해는
영적 지각이 없어지고
하나님의 안목으로 볼 수 있는 것이 사라지게 한다.
세상으로 살면 끊임없이 판단하고 생각이 복잡해진다.

보고, 듣고, 만져지는 것이 실재라 생각하지 말라.
오직 진리만이 실재이다.
하나님을 통해 단순한 삶을 살라.

판단하는 그 판단이 자기에게 이뤄지기에
판단하면 즉각적으로 회개가 이뤄져야 한다.
영으로 살지 않으면 필연적으로 판단이 충만하고
용서하지 못하는 삶을 산다.

용서가 없다면 기도는 거짓이다.
우리에겐 미워할 권리가 없다.
기도는 용서의 능력을 증가시킨다.
미움에 대한 회개, 관계 회복을 위한 기도가 있어야 한다.

9. 8. 2017.

88
우리를 시험에 들게 하지 마시옵고

시험에 들게 하지 않는 것,
곧 선악을 분별할 수 있는 것으로
하나님이 주신 안목으로 보는 것이다.
우리가 보는 것은 빙산의 일각임을 알아야 한다.
영적 배후를 볼 수 있어야 한다.

중보는 영분별과 예언적인 것이 필요하다.
영분별을 통해 원수의 전략을 꿰뚫어 보고 덫에 걸리지 않게 하라.
만나는 이를 통해 역사하실 일들과
그의 내면의 본질을 볼 수 있게 하시어 분별할 수 있게 하시고
또한 장소를 분별하게 하시며
하나님의 때를 분별하게 하시길 기도하라.

8/Aug/2017.o.w

89

다만 악에서 구하시옵소서

악한 자로부터의 구원은 영적 전쟁이다.
모든 하나님의 권세 안에서 제한되지 않고 영적 전쟁할 수 있는데
이것은 옛 자아가 제거되고 새 사람으로 충만할 때 가능하다.

하나님과 친밀해지고 그분을 경외하는 것은
우리 안에서 옛 사람과의 분리이다.
옛 자아가 드러나질 때 그 에너지를 인정하지 않고
즉각적으로 뽑아내고 새 사람으로 사는 것이다.

임재 안에서 모든 권세가 드러나 진다.
임재의 특징은 기쁨과 경외이다.
창조주의 권세와 능력을 부어주시길 기도하라.
영적 전쟁에서 승리할 수 있도록 기도하라.

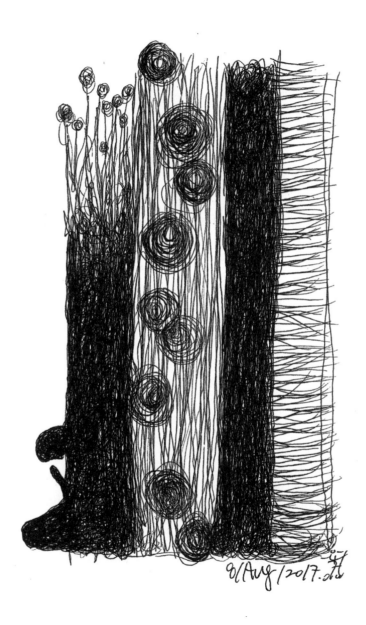

8/Aug/2017.

90

심령이 가난한 자는 복이 있나니
천국이 그들의 것임이요

가난한 심령은 하나님이 원하는 근본적인 상태로 관계성이다.
성령이 철저하게 장악한 심령으로 철저하게 하나님만을 의지한다.
철저하게 자아를 비워내고
옛 자아를 완전히 **빼낸** 순수한 영적 상태로 아무것도 섞이지 않는다.
스스로 자기 생명을 보호하려는 생존 본능을 완전히 제거한다.

옛 사람의 분량의 에너지인
혈기, 염려, 슬픔, 좌절, 절망 등을 계속 죽여야 한다.
옛 사람은 십자가에서 죽었다.
죽은 자는 에너지를 가질 수 없다.

그러하기에 선포하라!!!
"옛 자아 너는 죽었다. 너는 어떤 에너지도 가질 수 없다!"
하나님의 도우심 없이는 숨쉬기도 힘들다는 것을 알고
철저하게 하나님의 긍휼과 자비하심만을 의지하라.

가난한 심령은 자기 탐닉으로부터 자유롭다.
가난한 심령은 예수 그리스도의 형상만을 갈망한다.
가난한 심령은 하나님만을 영적으로 갈망한다.
가난한 심령은 가난하고 무기력한 자아를 날마다 발견한다.
가난한 심령은 자신을 철저히 잊어버리고 임재 속의 삶으로 이끈다.
임재 속의 삶은 비워내기에 주님 안에서 자아를 발견한다.

예수 안에 있고 예수로만 채우는 삶인 것이다.

16. Aug. 2017. dw

91

애통하는 자는 복이 있나니
그들이 위로를 받을 것이요

하나님의 임재 안에 거하며 성령의 지배를 받는 것이다.
성령 안에서 거룩한 성품에 자신을 비추어 보고
말씀을 먹으며 육체의 소욕에 민감해지는 것이다.
육적 상태에서의 애통은 갖지 못함의 애통이나
영적 상태에서의 애통은 비워지지 못함에 대한 애통이다.
모든 가시가 되는 것을 하나님 앞에서 풀며 우는 것이다.
그러나 자기 연민 때문에 울진 말아라.

애통은 창자가 끊어질 듯 부르짖는 회개가 있다.
성령의 탄식을 들을 수 있다.
죄에 대한 참된 회개와 애통함은
주님의 위로와 은총의 감격이 있고 참다운 회복의 능력이 있다.
죄는 하루만 넘겨도 합법적으로 사단이 요새를 만들 수 있는
기회를 주는 것이다.
심각성을 알고 죄의 뿌리들을 제거해야 한다.

성령 충만하면 애통하는 마음을 가질 수 있다.
성령 충만을 사모하고 갈망하며 갈구하여 성령이 장악하도록 하라.
하나님 나라 안에서 위로는 그 부분이 해결되는 것으로 실질적이다.
비워지지 않는 것이 비워짐으로 해결된다.

18. Aug. 2017.

92

온유한 자는 복이 있나니
그들이 땅을 기업으로 받을 것임이요

온유는 영적 순발력이다.
세상을 바라보지 않고 즉각적으로 하나님을 바라본다.
나타나는 현상이나 고난의 상황들 가운데
판단을 보류하고 하나님에게 물음으로 나아간다.
자기의 판단을 보류하고
하나님의 음성을 듣고 하나님의 영이 이끌도록 한다.

옳고 그름에 대한 판단을 보류하고 하나님을 바라봄으로
선악을 분별하는 영적 판단이 강해진다.
지각을 여는 것이다.

촉각, 시각, 안목, 청각 등을 하나님께로 향하여
경험을 가지고 살지 않는 것,
이것이 영분별이다.

심판자가 하나님이심을 인정하는 것이며
질서를 정확하게 아는 것이다.

온유는 분노해야 할 때 분노하고
분노하지 말아야 할 때 분노하지 않는 것으로
불의에 대해 아니다 라고 말할 수 있다.
하나님의 영광을 위해 세상의 죄에 대해 분노하는 것이다.
우유부단하지 않으나 겸손하다.

21. Aug. 2017.

93

의에 주리고 목마른 자는 복이 있나니
그들이 배부를 것임이요

의는 새 사람의 상태로 완전한 상태이다.
다윗의 의는 하나님을 의지함으로 완전한 상태였다.
의를 통해 하나님과의 모든 관계가 연결되는데
의는 예수 그리스도의 사랑이다.
하나님 나라 전체의 완전한 분량이다.

의는 하나님의 상태에서 받은 것으로
그 다음 목마르고 배고픔의 갈망으로 나아가야 한다.
완전한 분량으로 채워지길 바라는 갈망이다.
갈망의 척도가 계속 올라가야 한다.
신앙의 연륜은 갈수록 갈망이 커져야 한다.

22. Aug. 2017.

94

긍휼히 여기는 자는 복이 있나니
그들이 긍휼히 여김을 받을 것이요

긍휼은 아버지의 마음이다.

용서할 수 있는 심령이다.

긍휼은 넘어진 자를 발로 짓밟지 않고 일으켜 세우는 것이다.

은혜가 죄 중에 빠진 자를 돕는 것으로

상대방의 죄에 대한 반응이라면

긍휼은 불행에 빠진 자를 돕는 것으로

상대방의 고통에 대한 반응이다.

친절 그 이상의 것으로 죄인을 용서하고 은혜를 베푸는 것이다.

긍휼의 마음이 가지 않는 것은 상처 때문이다.

상처는 날마다 원자폭탄을 품고 사는 것만 같다.

상처는 원수의 모든 것을 불러들이는 통로이기에

용서치 못한 심령은 상당히 위험하다.

상처받지 않는 심령이 우리의 목적이다.

긍휼을 받아들여야 한다.

생명을 부어주시는 것이다.

생명력이 강하다는 것은

어떤 상황에서도 주님과의 관계성을 잃지 않는다는 것이다.

28.08.2017.

95

마음이 청결한 자는 복이 있나니
그들이 하나님을 볼 것임이요

가난한 심령의 상태이며 다른 것이 틈을 탈 수 없는 상태로
다른 것을 받아들일 여지도 없다.
의와 긍휼로 채워진 상태이며 진리가 통합된 상태이다.
하나님의 사랑, 의, 권세, 예배할 수 있는 모든 상태가 준비되어 있다.
거룩하고 흠 없는 상태로 심령의 의지대로 세워 가신다.

마음이 청결한 자는 새 사람의 상태를 계속 유지하기에
하나님의 것으로 사는데 전혀 막힘이 없는 상태에 이른다.
기도에 대한 집중력, 말씀에 대한 집중력이 없는 것은
새 사람, 옛 사람이 왔다 갔다 하기 때문이다.
곁 가지를 계속 쳐 나감으로 단순화 되는 삶을 통해
하나님께만 초점 맞추는 상태가 되어라.
하나님을 본다는 것은
하나님이 주시는 것을 제한하지 않고 받아들이는 것.
하나님의 형상이 세워지는 것이다.
하나님을 보지 못하게 하는 것들이 모두 사라졌기에
무엇을 봐도 하나님의 형상, 하나님의 눈, 하나님의 믿음으로
보게 되는 것이다.
하나님의 임재가 완전 구축되고
하나님을 향한 방향성이 일관 되는 것이다.

청결한 심령이 갖는 권세는 화평과 의를 위하여 박해를 받는 것이다.

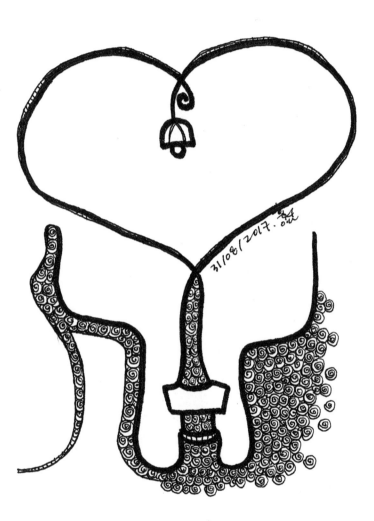

31/08/2017. 이기

96

**화평하게 하는 자는 복이 있나니
그들이 하나님의 아들이라 일컬음을 받을 것임이요**

화평이란 예수 그리스도 안에서의 상황이다.

화평의 근원은 하나님과의 화목이다.

자아가 죽지 않고는 하나님과 화목할 수 없다.

정욕과 육체의 욕심을 십자가에 완전히 못 박고 화평을 이룬 자는

어디에든 화평을 선포하고 보혈을 흘려 보내는 능력과

원수의 모든 분열을 막는 능력이 있다.

샬롬은 완전한 승리이다.

하나님의 아들은

하나님과 반하는 모든 것을 평정시키는 권세가 있다.

02.09~01.10.2017

97

의를 위하여 박해를 받은 자는
복이 있나니 천국이 그들의 것임이라

화평의 또 다른 측면은 핍박이다.
죄 된 세상에 하나님을 선포할 때
그 권세로 화평이 일어난다.

죄의 무게가 클 때는
오히려 화평을 전하는 자의 최고 영광을 위하여 핍박을 사용하신다.

사단의 궁극적인 전략은 진리를 훼손시키는 것이다.
반드시 진리가 선포되면 핍박이 있다.
분명한 것은 최고의 영광인 것을 기억하라.
진리의 수준을 올려라.
세상과 타협하지 말라.
하나님의 약속을 붙잡아라.

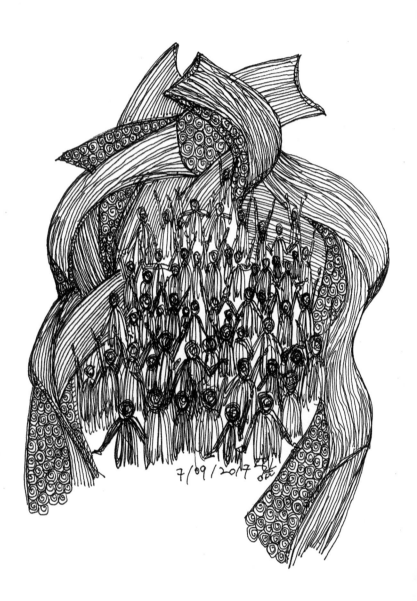

7/09/2017

98

내 영혼아 여호와를 송축하라

여호와의 영광이 영원히 계속할지며
여호와는 자신께서 행하시는 일들로 말미암아 즐거워하시리로다
그가 땅을 보신즉 땅이 진동하며 산들을 만지신즉 연기가 나는도다
내가 평생토록 여호와께 노래하며
내가 살아 있는 동안
내 하나님을 찬양하리로다
나의 기도를 기쁘게 여기시기를 바라나니
나는 여호와로 말미암아 즐거워하리로다
죄인들을 땅에서 소멸하시며 악인들을 다시 있지 못하게 하시리로다
내 영혼아 여호와를 송축하라 할렐루야

시편 104:31-35

07. sep. 2017.

99

영적 나실인

택함 받은 자,
분리된 자,
하나님께 속한 자,
세상으로는 살수 없는 자,
그분의 사랑과 은혜를 흘려 보내는 자,
전리품을 취하는 자,

영적 나실인
우리의 정체성이다.

14. Sep. 2017.

100
속사람을 강건케 함으로

그러므로 여러분은 거짓을 버리고,

각각 자기 이웃과 더불어 참된 말을 하십시오.

우리는 서로 한 몸의 지체들입니다.

화를 내더라도, 죄를 짓는 데까지 이르지 않도록 하십시오.

해가 지도록 노여움을 품고 있지 마십시오.

악마에게 틈을 주지 마십시오.

도둑질하는 사람은 다시는 도둑질하지 말고,

수고를 하여 제 손으로 떳떳하게 벌이를 하십시오.

그리하여 오히려 궁핍한 사람들에게 나누어 줄 것이 있게 하십시오.

나쁜 말은 입 밖에 내지 말고,

덕을 세우는 데에 필요한 말이 있으면,

적절한 때에 해서 듣는 사람에게 은혜가 되게 하십시오.

하나님의 성령을 슬프게 하지 마십시오.

여러분은 성령 안에서 구속의 날을 위하여 인치심을 받았습니다.

모든 악독과 걱정과 분노와 소란과 욕설은

모든 악의와 함께 내버리십시오.

서로 친절히 대하며, 불쌍히 여기며,

하나님께서 그리스도 안에서 여러분을 용서하신 것과 같이,

서로 용서하십시오.

에베소서 4:25-32

속사람을 강건케 하며 원수에게 틈을 보이지 말라.

옛 자아를 버리고 새 사람으로 충만케 하라.

19. 09. 17 → 04. 06. 19

101

의롭다하심

예수 그리스도를 믿음으로 말미암아
모든 믿는 자에게 미치는 하나님의 의니 차별이 없느니라
로마서 3:22

우리 스스로의 의를 이루는 것이 아니라
이제는 하나님의 아들 예수 그리스도를 통해서
우리를 위해서 이루신 일들을 믿음으로 받아들일 때
즉각적으로 하나님이 "너는 의롭다"라고 말씀하는 것이다.
그 의는 공평한 의이다.

예수께서 그 피로 인해서 모든 우리의 죄의 근원부터 시작해서
죄의 효력, 죄의 능력까지 다 삭제시킨 상태이다.
그 모든 것을 깨끗이 다 제거하셨기에
그 모든 것이 값없이 주어진 의이며
모든 믿는 자에게 차별이 없다.

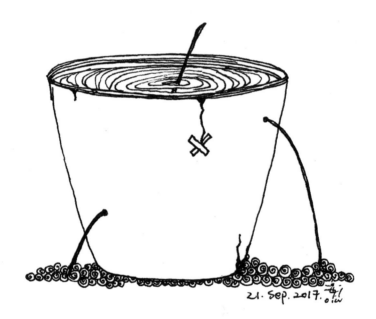

21. Sep. 2017.

102

요동치 않는 내면으로

작은 양동이에 돌을 던지거나 물을 휘저으면
쉽사리 물의 요동침을 볼 수 있듯이
나의 마음도 주님 안에서 고요함을 유지하지 못한다면
쉽사리 요동하게 된다.

그 누군가의 말에 좌로 우로 흔들리고
요동하는 마음과 외부 환경과 상황에 소용돌이치며
어찌하지 못하고 끌려 다니는 것을 멈춰야 한다.

바다가 되라 하신다.
많은 이들을 수용하고 이해하며 품을 수 있는 바다,
요동치 아니하는 고요함으로,
결국 자아가 비워지고 그분의 영으로 충만해야 함을..

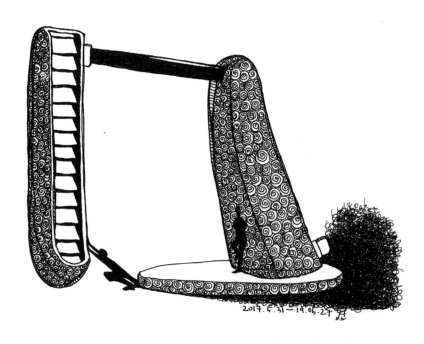

2017. 5. 31 ~ 19. 05. 27

103
여호와를 경외함은

여호와를 경외하는 것은 생명의 샘이니
사망의 그물에서 벗어나게 하느니라
잠언 14:27

무언가를 잃어버리고 살아가는 기분이랄까,
그 어딘가에서 길을 잃어버린 듯한 마음이랄까,
삶의 우선순위가 뒤바뀌어 허둥대는 모습이랄까?

사람을 두려워함이 내게 올무가 되어
사망의 그물 안에서 바둥대는 모습이라니
이게 바로 나이구나.

혼자서 바둥대는 내 모습을 불쌍히 여기시고
긍휼과 은혜가운데 나를 이끄시는 주님.
여호와를 경외하는 것은 생명의 샘이거늘
나의 눈을 들어 하나님만을 바라보기를 간절히 바라나이다.

06/27 - 09/20/2017.

104

하나님께 소망을 두라

소망의 하나님이
모든 기쁨과 평강을 믿음 안에서 너희에게 충만하게 하사
성령의 능력으로 소망이 넘치게 하시기를 원하노라
로마서 5:13

소망이 없다 말하며
모든 꿈이 산산 조각나서 살 수 없다고 말하는 이여
소망의 하나님께서 그대의 믿음을 충만하게 하시기를 기도한다.

소망의 하나님을 바라보라.
그럼에도 불구하고 하나님을 신뢰하라.
하나님을 기다리라.
하나님의 뜻을 이루시도록 너의 마음을 열어드려라.

2017. 04. 25 ~ 19.05.23

105

하나님의 의를 반영하는 것은 생명입니다

무릇 우리는 다 부정한 자 같아서
우리의 의는 다 더러운 옷 같으며
우리의 죄악이 바람 같이 우리를 몰아가나이다
이사야 64:6

하나님의 의를 반영하는 것은 생명이다.
생명이 죽어지면 거룩함도 없다.

01/Oct/2017

106

임재의 삶

나는 참포도나무요 내 아버지는 농부라

무릇 내게 붙어 있어 열매를 맺지 아니하는 가지는

아버지께서 그것을 제거해 버리시고

무릇 열매를 맺는 가지는 더 열매를 맺게 하려 하여

그것을 깨끗하게 하시느니라

너희는 내가 일러준 말로 이미 깨끗하여졌으니

내 안에 거하라 나도 너희 안에 거하리라

가지가 포도나무에 붙어 있지 아니하면

스스로 열매를 맺을 수 없음 같이

너희도 내 안에 있지 아니하면 그러하리라

나는 포도나무요 너희는 가지라

그가 내 안에, 내가 그 안에 거하면 사람이 열매를 많이 맺나니

나를 떠나서는 너희가 아무 것도 할 수 없음이라

요한복음 15:1-5

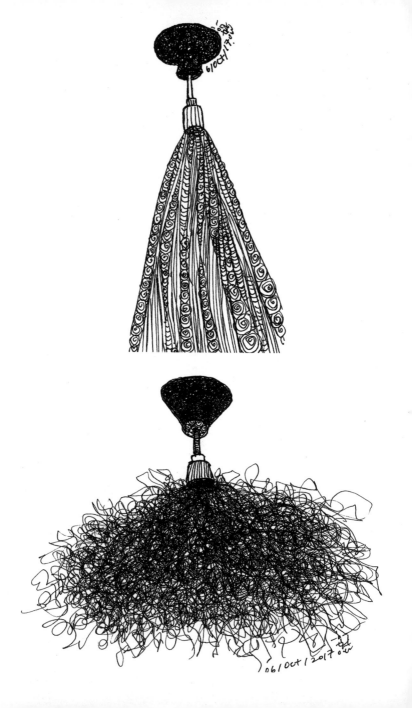

107
분을 다스리기

"급한 마음으로 노를 발하지 말라
노는 우매한 자들의 품에 머무름이니라"
전도서 7:9

07/10/2017

108
하나님의 은혜

하나님이 세상을 이처럼 사랑하사
독생자를 주셨으니 이는 그를 믿는 자마다
멸망하지 않고 영생을 얻게 하려 하심이라
요한복음 3:16

주님 당신의 발자취를 따르고자 갈망합니다.
때론 흔들림도 망설임도 있었으나
이제는 가야 할 방향성도 목적도 분명하기에
그저 당신의 길을 따라 갑니다.
오직 외길만을 갈 수 있도록 도와주시옵소서.

나를 친히 이끄시겠다 약속하신 나의 주님, 주님을 신뢰합니다.
나의 삶을 경영하여 주시옵소서.

날마다 나의 자아가 죽어지고 비워지며 또 비워지길 바랄 뿐입니다.
주님으로만 채우고 싶습니다.
하늘의 법칙으로만 살고 싶습니다.
주님, 주님의 뜻을 이루소서.

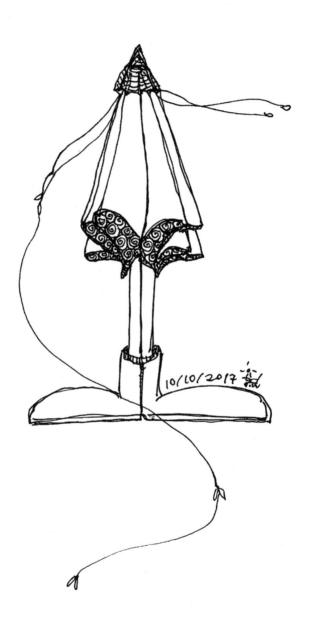

10/10/2017

109

영으로 사는 것

영으로 사는 것은 실재이다.
하나님이 우리의 영을 지배하고
그 영이 사고를 지배하며
사고는 육을 지배하는 것
이것이 바른 상태의 삶이다.
이것이 반대로 가기에 문제가 되는 것이다.

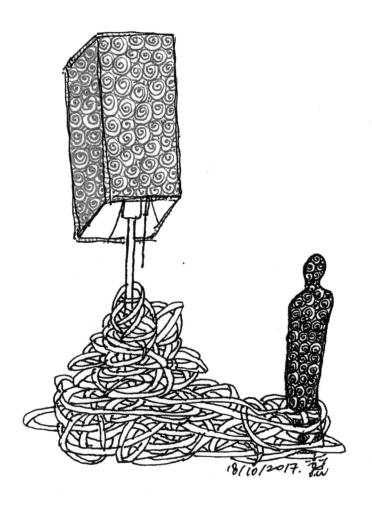

18/10/2017.

110

묶인 것을 풀어 버리고

위의 것을 생각하고 땅의 것을 생각하지 말라
이는 너희가 죽었고
너희 생명이 그리스도와 함께 하나님 안에 감추어졌음이라
우리 생명이신 그리스도께서 나타나실 그 때에
너희도 그와 함께 영광 중에 나타나리라
그러므로 땅에 있는 지체를 죽이라
곧 음란과 부정과 사욕과 악한 정욕과 탐심이니
탐심은 우상 숭배니라
이것들로 말미암아 하나님의 진노가 임하느니라
골로새서 3:2-6

반복되는 세상으로부터 오는 경향들을 끊어내라.
제자의 삶을 살고 있는가?
온전하게 헌신되어 있는가?
순교자적 삶을 살고 있는가?
철저하게 자아를 죽이고 있는가?
오직 하나님으로만, 오직 믿음으로만 살고 있는가?

남은 자의 삶은 두리뭉실하지 않다.
나는 주님의 참된 제자인가?
아니면 진짜를 가장한 가짜인가?

18/10/2017.

111

힘써 부르심과 택하심을 굳게 하라

형제들아 더욱 힘써 너희 부르심과 택하심을 굳게 하라
너희가 이것을 행한즉 언제든지 실족하지 아니하리라
이같이 하면 우리 주 곧 구주 예수 그리스도의
영원한 나라에 들어감을 넉넉히 너희에게 주시리라
베드로후서 1:10-11

각자의 부르심 안에서 성실함으로 나아가기.
비교하지 않기.
묵묵히 소명을 따라 주님과 동행하기.

24/10/2017 LW

112

몸의 행실

여러분이 육신을 따라 살면 죽을 것입니다'
그러나 여러분이 성령으로 몸의 행실을 죽이면 살 것입니다.
로마서 8:13

옛 사람이 주는 인격을 성령으로 죽여야 한다.

생각, 말, 행동 모든 옛 사람으로부터 오는
모든 몸의 행실을 성령으로 죽여야 한다.
옛 사람의 번성을 용납하지 말라.

인내함으로 지속적으로 옛 사람을 제거하고
새 사람을 번성시켜 성령으로 살아가라.

30/10/2017

113

마음의 고백

구주와 함께 나 죽었으니,
구주와 함께 나 살았도다
영광의 기약이 이르도록
언제나 주만 바라봅니다

맘속의 시험을 받을 때와
무거운 근심이 있을 때에
주께서 그때도 같이 하사
언제나 나를 도와주시네

뼈아픈 눈물을 흘릴 때와
쓰라린 맘으로 탄식할 때
주께서 그때도 같이 하사
언제나 나를 생각하시네

언제나 주는 날 사랑하사,
언제나 새 생명 주시나니
영광의 기약이 이르도록
언제나 주만 바라봅니다
찬송가 407장

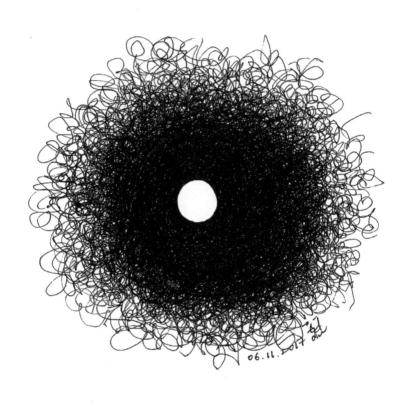

06.11.2017

114
세상가운데 빛으로 발하기

보라 내가 너희를 보냄이 양을 이리 가운데로 보냄과 같도다
그러므로 너희는 뱀 같이 지혜롭고 비둘기 같이 순결하라
사람들을 삼가라 그들이 너희를 공회에 넘겨주겠고
그들의 회당에서 채찍질하리라
또 너희가 나로 말미암아 총독들과 임금들 앞에 끌려가리니
이는 그들과 이방인들에게 증거가 되게 하려 하심이라
너희를 넘겨 줄 때에 어떻게 또는 무엇을 말할까 염려하지 말라
그 때에 너희에게 할 말을 주시리니 말하는 이는 너희가 아니라
너희 속에서 말씀하시는 이 곧 너희 아버지의 성령이시니라
장차 형제가 형제를,
아버지가 자식을 죽는 데에 내주며
자식들이 부모를 대적하여 죽게 하리라
또 너희가 내 이름으로 말미암아 모든 사람에게 미움을 받을 것이나
끝까지 견디는 자는 구원을 얻으리라
마태복음 10:16-22

끝까지 견디는 자는 구원을 얻으리라.

10/11/2017.

115

나의 왕국이 무너지는 그날에

내가 세워놓은 나의 왕국은 참으로도 견고하도다.
언제쯤이면 이 싸움이 끝이 날지 때론 끝이 보이지 않을 것만 같다.
그러나 나의 자아, 나의 왕국이 철저하게 무너질 그 날을 기대한다.
나는 오늘도 그 처절한 현장 안으로 발길을 옮긴다.

세상에서 영웅이 되려 하지 말라.
그 삶은 피곤하고 헛될 뿐이라.
모두에게 만족을 줄 수는 없다.
사람의 방법, 생각을 내려놓고
하나님의 방법, 뜻 안에 거하라.
겸손을 배워라.
자신을 비워 낼수록 하나님으로 풍성해지리라.

24/Nov/2017

116

창조주와 함께 살아간다는 것

나의 사랑하는 자가 내게 말하여 이르기를
나의 사랑, 내 어여쁜 자야 일어나서 함께 가자
아가서 2:10

주님께 생명을 받기 위해 주님께 나아가는 것 겸손이다.
주님과 우리는 생명의 관계이다.
주님께서 주시지 않으면 살 수 없는 존재이다.
사람과 세상, 여론의 인정을 구걸하지 말라.
휩쓸리지 말라.
하나님의 의가 전부인 것이다.

여호와를 찾는다는 것
우리 안의 어둠을 발견함으로
하나님 안에서 온전한 모습,
형상을 찾고 발견하는 것이다.

주님과 산다는 것은 의의 감격이다.
주님의 거룩한 신부로 단장할지어다.

12/17/2017

117

두 마음을 품지 말라

하나님을 가까이 하라
그리하면 너희를 가까이하시리라
죄인들아 손을 깨끗이 하라
두 마음을 품은 자들아 마음을 성결하게 하라
슬퍼하며 애통하며 울지어다
너희 웃음을 애통으로,
너희 즐거움을 근심으로 바꿀지어다
주 앞에서 낮추라
그리하면 주께서 너희를 높이시리라
야고보서 4:8-10

12/17/2017 SRL

118

종교적인 외식

이 백성이 입술로는 나를 공경하되 마음은 내게서 멀도다
사람의 계명으로 교훈을 삼아 가르치니
나를 헛되이 경배하는도다 하였느니라
너희가 하나님의 계명은 버리고 사람의 전통을 지키느니라
또 이르시되 너희가 너희 전통을 지키려고
하나님의 계명을 잘 저버리는도다
마가복음 7:6-9

하나님을 더 사랑하고 온전히 하나님의 말씀에 순종하며
거룩의 열정을 가지고자 시작된 전통이 변질되어
신앙의 행위와 입술로만 찾는 야훼
하나님의 말씀과 전통은 분리될 수밖에 없다.
교회의 전통을 지키고자 하나님의 말씀을 분리해 버린다.
인간적인 모임이 되어버리고 하나님의 임재는 없다.
헌신에 대한 기쁨과 감격은 없고
다른 이들에 대한 판단과 비판만 있을 뿐이다.
하나님의 거룩과 사랑은 잃어버리고
사람의 계명만 남은 인본주의이다.
참된 예배는 찾아 볼 수가 없다.

종교의 영이 당신을 지배하지 못하도록 늘 자신을 점검하라.
예수가 실제가 되지 않으면 신비주의가 된다.
예수님은 형상이며 실재이시다.
그분을 따르고 닮아가는 삶으로 가야 한다.
종교의 영은 우리를 죽이는 것임을 명심하라.

12/17/2017

119

자기 힘으로 사는 것은

이 세상이나 세상에 있는 것들을 사랑하지 말라
누구든지 세상을 사랑하면 아버지의 사랑이 그 안에 있지 아니하니
이는 세상에 있는 모든 것이 육신의 정욕과 안목의 정욕과 이생의 자랑이니
다 아버지께로부터 온 것이 아니요 세상으로부터 온 것이라
요한일서 2:15-16

육체의 소욕으로 인하여 더러운 것들과 죄를 끌어당긴다.
이것들을 끌어당기는 통로는 안목의 정욕이다.
안목의 정욕을 통해 악을 끌어당김으로 육체의 소욕은 더 강해진다.
이 육체의 소욕은 우리 안의 쓴 뿌리를 더 강하게 만듦으로
자신도 더럽히고 다른 이들도 더럽힌다.

악을 끌어당기는 육체의 소욕이 자신을 더럽히고
그 육체의 소욕이 더럽혀진 마음의 상태에서 나오는 그 무엇인가가
다른 사람을 더럽히는 것이다.

부패한 심령을 유지하지 말라.
늘 회개함으로 새 사람의 상태를 유지하고
공동체 안에 생수의 강물이 흘러가도록 하라.
서로 간에 거룩함의 영향을 줘야 한다.

자기중심은 지독한 악이다.

120

주님께서 미워하시는 것

주님께서 미워하시는 것,
주님께서 싫어하시는 것이 예닐곱 가지이다.
교만한 눈과 거짓말하는 혀와
무죄한 사람을 피 흘리게 하는
손과 악한 계교를 꾸미는 마음과
악한 일을 저지르려고 치닫는 발과,
거짓으로 증거 하는 사람과,
친구 사이를 이간하는 사람이다.
잠언 6:16-19

세상의 악과 악인의 죄를 벌하시며
교만한 자의 오만을 끊으시는 여호와 앞에 잠잠할 지어다.
너희 뿔을 높이 들지 말며 교만한 목으로 말하지 말지어다.
여호와를 경외할지어다.
경외감을 잃어버리는 것은 곧 타락으로 가는 것이다.

06/Jan/2018

121

깨닫게 하소서

내 마음을 주의 증거로 향하게 하시고
탐욕으로 향치 말게 하소서
내 눈을 돌이켜 허탄한 것을 보지 말게 하시고
주의 도에 나를 소성케 하소서
주를 경외케 하는 주의 말씀을 주의 종에게 세우소서
시편 119:34-38

7/Jan/2018

122

하나님의 사랑

하나님이 세상을 이처럼 사랑하사 독생자를 주셨으니
이는 그를 믿는 자마다 멸망하지 않고
영생을 얻게 하려 하심이라
하나님이 그 아들을 세상에 보내신 것은
세상을 심판하려 하심이 아니요
그로 말미암아 세상이 구원을 받게 하려 하심이라
그를 믿는 자는 심판을 받지 아니하는 것이요
믿지 아니하는 자는
하나님의 독생자의 이름을 믿지 아니하므로
벌써 심판을 받은 것이니라
그 정죄는 이것이니
곧 빛이 세상에 왔으되 사람들이 자기 행위가 악하므로
빛보다 어둠을 더 사랑한 것이니라
악을 행하는 자마다 빛을 미워하여 빛으로 오지 아니하나니
이는 그 행위가 드러날까 함이요
진리를 따르는 자는 빛으로 오나니
이는 그 행위가 하나님 안에서 행한 것임을
나타내려 함이라 하시니라
요한복음 3:16-21

09/Jan/2018

123

주님이 주시는 평강

내면의 고요함.
어떠한 상황 속에서도 고요할 수 있는 이유는
곧 주님이 우리 안에 우리가 주님 안에 거하는 것이다.

여호와는 나의 빛이요
나의 구원이시니
내가 누구를 두려워하리요
여호와는 내 생명의 능력이시니
내가 누구를 무서워하리요

17. Jan. 2018.

피난처

내면의 상처와 두려움은 또 다른 세계로 우리를 인도한다.

상처받고 싶지 않은 몸부림으로,

거절 받고 싶지 않다는 울부짖음으로,

그저 안전한 장소에 머물기만을 바라며

피난처를 찾아 자아를 숨겨보지만

그 장소가 결코 안전하지 않다는 것을 모르고 있다.

그저 어둠의 나락으로 떨어지고 있다는 것을 인식하지도 못하고

그렇게 한해 두해를 넘기며 철저하게 자신을 속이며

그곳에서의 고립을 즐긴다.

그러면서 자신의 도피처가 가장 안전하다고 말한다.

그렇게 단절과 고립 속에서

마음의 병을 짊어지고 살아가는 이들이 많구나.

17. Jan. 2018.

125
껍질을 깨기

너무도 오랜 세월 동안
두꺼운 갑각류 껍질 속에 가둔 자아를 발견하고
현실로 나아가고자 갈망해보지만 방법을 모른다.
또 다른 혼돈 속에 어찌할 바를 모르고
현실을 직시하는 것은 또 다른 아픔이다.
그러나 선택해야만 한다.
머물 것인지 껍질을 깨고 밖으로 나갈 것인지..

많은 사람들이 아프다.

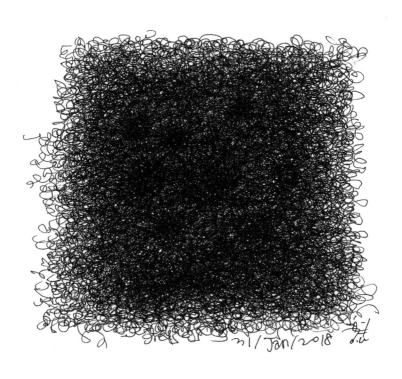

31/Jan/2018

126

인내와 사랑의 하나님

그러나 너를 책망할 것이 있나니 너의 처음 사랑을 버렸느니라

그러므로 어디서 떨어졌는지를 생각하고

회개하여 처음 행위를 가지라

만일 그리하지 아니하고 회개하지 아니하면

내가 네게 가서 네 촛대를 그 자리에서 옮기리라

요한 계시록 2:2-5

내면 깊숙이 뿌리 박혀있는 그들의 상처들을 보지 못했다.

그저 보이는 것으로 쉽게 판단하고 쉽게 말하곤 했었다.

그들의 아픔을 이해하고 사랑으로 보듬어 주기보다는

그들을 탓하기만 하고 그들로부터 멀어지고 있었다.

열정도 사라진지 오래요,

열망도 찾아볼 수 없는 상태로

그저 하루하루를 빈 껍데기로 살아가고 있던 나였음을..

이 땅과 이 민족을 향한

나의 첫 사랑과 첫 마음을 회복하라 하신다.

교만함으로 가득한 나,

이기적이었던 나를 보게 하심을 감사드린다.

127
부르심의 자리에서

인자와 진리가 네게서 떠나지 말게 하고
그것을 네 목에 매며 네 마음 판에 새기라
그리하면 네가 하나님과 사람 앞에서 은총과 귀중히 여김을 받으리라
너는 마음을 다하여 여호와를 신뢰하고
네 명철을 의지하지 말라
너는 범사에 그를 인정하라
그리하면 네 길을 지도하시리라
스스로 지혜롭게 여기지 말지어다
여호와를 경외하며 악을 떠날지어다
이것이 네 몸에 양약이 되어 네 골수를 윤택하게 하리라
잠언 3:3-8

내가 가고자 하는 길이 아닌 그분이 이끄시는 삶으로,
나의 뜻이 아닌 그분의 뜻 안에서,
나는 죽어지고 오직 그분만이 높여지기를,
여호와를 경외함으로, 범사에 그를 인정함으로
낙심과 좌절이 아닌 지금 이곳, 부르심의 자리에서
다시 순종의 삶으로 나아가자.

19/Feb/2018

128

정체성에 대한 믿음

자신의 정체성을 의심하지 말라.
우리의 정체성이라는 것은
하나님이 누구이신지를 바로 아는 것이다.
인간의 몸으로 오셔서 십자가를 지신 인자를 만나야 한다.
그때 자신의 악과 탐욕을 보게 되며
하나님은 우리를 이해시키시고 설득하시고 깨닫게 하신다.

하나님이 통치하시는 이 모든 세계에 대해 무관심해서는 안 된다.
어둠 속에서도 하나님의 자녀라는 것을
의심하지 않는 상태가 된다는 것은
분명한 대답을 하나님으로부터 들었기 때문이다.
위험한 신앙은
자신이 의심하며 갈등하고 있는지 조차도 모르는 것이다.
그렇기때문에 세상과 타협하고 사는 것이다.

정체성의 증거는 회개하는 것이다.
환경, 조건, 자기 상황으로 자신의 죄를 합리화시키지 않고
하나님이 죄라고 하면 죄와 악을 인정하며 받아들이는 것
곧 방향을 돌리는 것이다.
죄는 자신을 잃어버리고 동시에 하나님을 잃어버리는 것이다.
회개는 자신을 얻고 동시에 하나님을 다시 얻게 되는 것이다.

19. Feb. 2018

129
자족하는 삶

너희 중에 지혜와 총명이 있는 자가 누구냐
그는 선행으로 말미암아 지혜와 온유함으로 그 행함을 보일지니라
그러나 너희 마음속에 독한 시기와 다툼이 있으면 자랑하지 말라
진리를 거슬러 거짓말하지 말라
이러한 지혜는 위로부터 내려온 것이 아니요
땅위의 것이요 정욕의 것이요 귀신의 것이니
시기와 다툼이 있는 곳에는 혼란과 모든 악한 일이 있음이라
오직 위로부터 난 지혜는
첫째 성결하고 다음에 화평하고 관용하고 양순하며
긍휼과 선한 열매가 가득하고 편견과 거짓이 없으니
화평하게 하는 자들은 화평으로 심어 의의 열매를 거두느니라
야고보서 3:13-18

만족하지 못하고 더 가지려는 마음,
남의 것을 탐하는 마음,
감사하지 못하는 마음,
시기, 질투, 비교하며 불평하는 마음,
이러한 마음의 생각들이 악으로 이끄는도다.

130

기대

내가 들으니 보좌에서 큰 음성이 나서 이르되
보라 하나님의 장막이 사람들과 함께 있으매
하나님이 그들과 함께 계시리니
그들은 하나님의 백성이 되고 하나님은 친히 그들과 함께 계셔서
모든 눈물을 그 눈에서 닦아 주시니 다시는 사망이 없고
애통하는 것이나 곡하는 것이나 아픈 것이 다시 있지 아니하리니
처음 것들이 다 지나갔음이러라
보좌에 앉으신 이가 이르시되
보라 내가 만물을 새롭게 하노라 하시고
또 이르시되 이 말은 신실하고 참되니 기록하라 하시고
또 내가 알파와 오메가요 처음과 마지막이라
내가 생명수 샘물을 목마른 자에게 값없이 주리니
이기는 자는 이것들을 상속으로 받으리라

요한계시록 21:3-7

아빠와의 이별이 가까운 듯하다.
아빠의 모든 눈물을 닦아주시고
아픈 것이 다시 있지 아니한 그 곳에서
영원한 쉼을 누리게 하실 하나님의 구원의 선물 계획에 감사드린다.
예수님이 모든 사람들을 고쳐주셨는데 왜 나는 고쳐주지 않냐며
하나님이 있는지 없는지, 천국과 지옥이 있는지 없는지도 모르겠다며
죽으면 끝이라고 당신의 서운한 마음을 돌려 표현하시는 나의 아빠..
아빠의 마음을 열어주시길 기도하던 중에
하나님의 말씀과 보여주신 그림에 위로를 얻고 감사를 드린다.
자주 연락 드려야겠다.

05/April/2018

131
복음은

복음은
삶으로 보여주는 것이다.
말이 아닌 삶으로..

전도는
내 삶을 다 보여주는 것이다.

복음은 사랑 빼면 끝이다.

16/April/2018

132

믿음에 대한 자존심

하나님의 입장에서 이야기하지 아니하고
사람의 입장에서만 이야기하는 것은
악에 대해 타협을 하려는 것, 곧 인본주의이다.
악과는 타협해서도 안 되며 또한 어떤 타협점도 찾으려 하지 말라.
분명하게 악을 원수로 규정해야한다.
곧 믿음에 대한 자존심이다.
하나님의 사람들은 타협하며 적당히 가는 것이 아니라
순수 진리를 지켜내야 한다.
악은 하나님의 일에 어떤 방식으로도
타협한다거나 유하게 만들어서 이용될 부분이 없다.
우리의 삶 가운데 이렇게 적당히 타협하려는 것들이 많다.
인본주의는 결국 사단의 일이기에 망할 수밖에 없다.
인본주의가 아닌 하나님이 주신 비전을 점검해야 한다.
이성적으로 분석한다는 것이 아니다.
하나님의 의지와 뜻을 기다릴 줄 알아야 한다.
하나님의 영이 움직이는 최고의 상태를 기다릴 줄 알아야 한다.
하나님이 움직이시는 그 결정적인 순간을 기다려야 한다.
조금만 무언가가 되어가고 있다하여서 그것에 휩쓸려 가는 것이 아니라
하나님께서 어떻게 일하실지를 기다리며 바라보아야 한다.

133

원수의 참소에 휩쓸리지 말라

원수는 우리를 늘 조롱하고 비웃으며 참소한다.
우리를 보잘것없는 존재로 전락시키고 무기력하게 만든다.
우리는 거기에 휩쓸려 정체성을 잃어버리고
그 참소에 무너질 때가 많다.
원수의 참소에만 귀 기울이고
우리는 의롭다고 말씀하시는
그분의 음성을 믿지 못하기 때문에 무기력한 것이다.

비록 우리는 못하나 우리와 함께 하시는 주님께서
하신다고 말할 수 있는 반전의 힘이 있어야 한다.
이것은 원수의 참소를 받아들이지 않는 것에서부터 시작되는 것이다.
우리는 만왕의 왕께서 인정하시는 사람들임을 기억하라.
원수가 우리를 참소하고 비웃고 속이고 방해하는 것은
우리가 그들에게 두려운 존재이기 때문이다.
그들이 우리에게 두려운 존재가 아니라
우리가 그들에게 두려운 존재인 것이다.

원수의 참소는 사람들을 통해서 들려올 때가 많다.
그러나 우리가 싸우는 대상은 사람들이 아니라
공중 권세 잡은 악한 영들이라는 것을 알아야 영적 손실이 없다.
사람은 긍휼히 여길 대상이기에 사람과의 관계에서 힘을 빼지 말라.
하나님 앞에 가지고 나아가라.

20/April/2018

134

세상에 속한 자가 아닌

그러므로 너희 마음의 허리를 동이고 근신하여
예수 그리스도께서 나타나실 때에
너희에게 가져다주실 은혜를 온전히 바랄지어다
너희가 순종하는 자식처럼
전에 알지 못할 때에 따르던 너희 사욕을 본받지 말고
오직 너희를 부르신 거룩한 이처럼
너희도 모든 행실에 거룩한 자가 되라
기록되었으되 내가 거룩하니 너희도 거룩할지어다 하셨느니라
베드로전서 1:12-16

하나님께 속한 자들은 세상에 속할 수 없다.
거룩함으로 사는 것이 힘든 것이 아니라
우리가 알게 모르게 세상에 길들여져 버렸고
세상의 것들에 익숙해졌기 때문이다.
거룩하게 살기 위해 몸부림 쳐야 하는 것이 아니라
우리가 하나님께 속한 자들이기에
마땅히 거룩함으로 살아가야 하는 것이다.

기도가 삶이 되고 예배가 삶이 되며
말씀이 우리 안에서 실제가 되어 삶이 되는 것이다.
하나님의 영과 말씀 그리고 보혈의 능력을 가진
우리에게 요하는 것은
흠 없고 거룩한 삶의 모습이다.
세상에서 구별된 자들임을 잊지 말라.

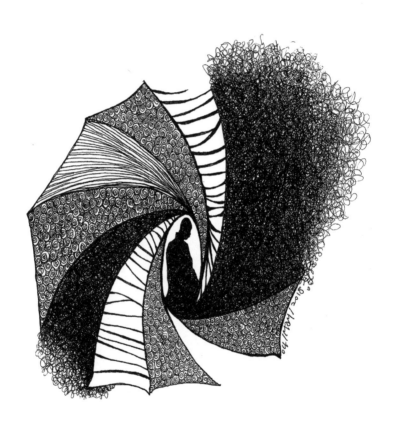

135

다윗의 열쇠를 가지신 이

거룩하고 진실하사 다윗의 열쇠를 가지신 이
곧 열면 닫을 사람이 없고 닫으면 열 사람이 없는 그가 이르시되
볼지어다 내가 네 앞에 열린 문을 두었으되
능히 닫을 사람이 없으리라
내가 네 행위를 아노니
네가 작은 능력을 가지고서도 내 말을 지키며
내 이름을 배반하지 아니하였도다
보라 사탄의 회당 곧 자칭 유대인이라 하나 그렇지 아니하고
거짓말 하는 자들 중에서 몇을 네게 주어
그들로 와서 네 발 앞에 절하게 하고
내가 너를 사랑하는 줄을 알게 하리라
요한계시록 3:7-9

비자 문제로 갑자기 불법체류자가 되어
이 땅을 떠나야 한다는 통보에
나는 이 상황을 아직 실감하지 못하는 것 같다.

인내하자.
하나님을 기다리자.
현재 일어나고 있는 모든 상황들을
비록 지금은 이해할 수 없다 할지라도
하나님께서 이해함을 주실 것이며
그의 길로 이끄실 것이다.

24. May. 2018

136

비워내는 삶

그러므로 땅에 있는 지체를 죽이라
곧 음란과 부정과 사욕과 악한 정욕과 탐심이니
탐심은 곧 우상 숭배니라
골로새서 3:5

자신의 세상적 욕구를 채우기 위하여
하나님이 필요하다 말하지 말라.
우리가 무엇을 하느냐, 무엇을 가졌느냐가 중요한 것이 아니라
하나님 안에서 우리가 어떤 존재인지가 중요한 것이다.

탐욕은 곧 우상 숭배이다.

한 나라에 두 정부가 존재하는 것과 같다.
우리의 주인은 예수님이시다.
우리의 심령 가운데 그분이 앉으시고 통치하셔야 한다.
곧 옛 사람과 분리 되어야 한다.
무엇인가 소유했다고 생각할 때 타락이 오는 것이다.

자신을 지속적으로 비워낼 때 순종할 수 있고 거룩해 질 수 있다.

137

하나님의 사랑

이르되 내가 모태에서 알몸으로 나왔사온즉
또한 알몸으로 그리로 돌아가는지라
주신 이도 여호와시요 거두실 이도 여호와시오니
여호와의 이름이 찬송을 받으실지니이다
욥기 1:21

한 영혼을 향한 하나님의 포기하지 않으시는 사랑을 본다.
구원의 역사를 이뤄 가시는
하나님께서 친히 아빠를 이끄시고 계신다.
아빠를 통해 심령이 가난한 자의 얼굴이
어떻게 변해 가는지를 보았다.
씨를 뿌리고 물을 주는 것은 우리의 몫이나
그것을 거두시는 분은 하나님이시며
구원은 하나님께서 이루시는 것을..

아빠의 육체가 하루하루 쇠약해져 가는 것을 본다.
아빠의 고통과 마음을 이해하기 보다는
어린아이가 되어버렸다고 짜증내는 나.
나는 하나님의 사랑을 말로만 할 뿐
미안하고 또 미안한 마음이 가득하면서도
나는 잠이 부족하다는 이유로 이기적이고 악한 생각까지 하고있다.
참으로 부끄러운 자아로다.

하나님 아버지의 마음이 아니면
진정한 위로와 격려는 없다는 것을 깨닫게 된다.

138

그럼에도 불구하고

우리가 환난 중에도 즐거워하나니

이는 환난은 인내를,

인내는 연단을,

연단은 소망을 이루는 줄 앎이로다

로마서 5:3-4

나의 영혼아 너는 괜찮은 거니?

생채기가 심하게 난 너를 몰라줘서 미안해.

몸으로 반응하고 있는 너를 알아주지 못해 미안해.

너는 그렇게 아파하며 홀로 앓고 있었던 건데 미안해.

내가 너를 날아오르지 못하게 하는 거니

아니면 그 무언가가 너를 날아오르지 못하게 하는 거니?

하나님도 너도 내게 말이 없구나.

그럼 난 어떻게 해야할까?

하나님..

그럼에도 불구하고

당신을 신뢰합니다.

당신을 기다립니다.

당신의 뜻을 이루소서.

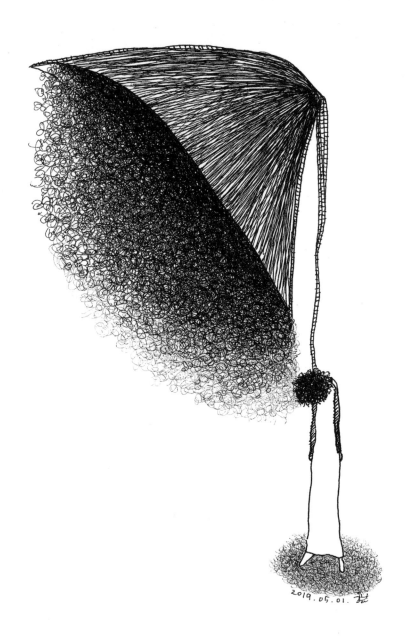

2019. 05. 01.

139

내 안의 괴물

괴롭고 고통스러운 삶이여!
내 안의 괴물을 보고 추악한 자를 보는도다.
마음의 원함과 상관없이 발 빠르게 죄를 향해 달려가는 초라한 자여.

위기로다. 위기로다.
두려움이 엄습하나 헐떡이는 자의 음욕은 그 두려움을 무시하고
죄를 향해 두 팔 벌려 환영하며 웃음을 파는구나.

위기로다. 위기로다.
원수에게 조롱거리가 되며 그에게 웃음을 파는 어리석은 자여.
언제까지 이렇게 극과 극의 삶을 오고가야 한단 말인가?

오호라 나는 곤고한 자로다.
누가 이 사망의 몸에서 나를 건져내랴.
괴물을 보는도다.
악의 악을 보는도다.
주님. 저는 당신의 것이오니 저를 불쌍히 여기사
이 사망의 몸에서 건져내어 주시옵소서.

전쟁터이로다.
이 지독한 전쟁이여.
내면의 극한 전쟁 가운데 괴로움의 나날이도다.

2019. 02. 17.

140

하나님의 뜻은 우리의 거룩함이라

회개하라 천국이 가까이 왔느니라
마태복음 3:2

이 세상이 만들어 낸 작품들을 보라.
수많은 사람들을 타락으로 이끌고 있다.
대부분의 교회 문제들이 음란의 문제가 되고 있다.
음란의 문제에 자유한 사람은 없다.
음란의 문제는 늘 경계해야 한다.
거룩한 교회를 더럽힐 수 있는 영역이기에
목숨 걸고 싸워야 한다.

하나님이 우리를 부르심은
부정하게 하려하심이 아니라 거룩하게 하려하심이다.
이를 저버리는 자는 사람을 저버림이 아니라
우리에게 그의 성령을 주신 하나님을 저버림이다.
하나님의 뜻은 우리의 거룩함이다.

"음란"
목숨 걸고 싸워야 할 영역이다.

마라나타

수많은 무리들의 기쁨의 환호와 함성 소리 속에서 잠이 깨었다.
큰 홍수였을까 아님 물난리가 난 거였을까
수많은 사람들이 죽어가고 있는 그 가운데
무리들이 모여 있었고 그들은 차례대로 수영을 해서 어딘가로 가고 있었다.
수영 못하는 이가 있는지 먼저 확인이 있은 후에 출발하였다.
그 그룹이 끝나면 다른 그룹이 그리고 또 다른 그룹이
그렇게 그들에게는 목적지가 정해져 있는 것처럼 보였다.
그 난리 속에서 수영을 한다는 건 위험해 보였으나
생명을 유지할 버팀목이 있는 어느 장소로 가는 것,
그것만이 유일한 길이었고 오직 수영을 해서 갈 수 있었다.
나의 차례가 되었을 때 내가 속한 그룹의 사람들을 보았다.
국적, 연령, 어린아이에서 노년에 이르기까지 생김새도 모두 달랐다.
"수영 못하는 사람?"
동일한 질문이 우리 그룹에도 주어졌고 한 친구가 손을 들었다.
그를 이끌기 위해 어느 노신사가 먼저 선두로 나섰다.
난 실제로 수영을 할 줄 모르는데 꿈속에서는 손을 들지도 않았고
수영을 하겠다고 맘먹은 것처럼 보였다.
수영을 하기 시작하자 그 누군가의 알 수 없는 강한 힘이
앞으로 쭉쭉 뻗어나갈 수 있도록 나를 밀어주고 있었다.
그렇게 목적지에 도착하여 버팀목을 잡고 주변을 둘러보는데
어디서 나타난 것일까 원형 경기장 같은 곳에
셀 수 없는 무리들이 함성과 박수를 보내고 있었다.
그것은 기쁨이었고 감격이었으며
서로가 서로를 이해하고 격려하는 함성이었다.
동일한 환난의 여정들을 지나와서일까.
서로 마주치는 눈빛 속에 말이 필요 없이 미소로 화답하고 있었다.
끝까지 이긴 자들의 모습이었다.
꿈에서 깨었으나 여전히 그 함성과 환호성이 내 귓가에 머물러 있었다.
그 감격을 말로 어떻게 표현할 수 있을까.

아멘. 아멘. 주 예수여 어서 오시옵소서!!!

13년 동안 팔레스타인에서의 그림 묵상

팔레에서 미친(美亲) 여자 이야기

초판1쇄 2019년 6월29일
지은이 김은경
이메일 wendy7675@gmail.com

펴낸이 오연희
펴낸곳 처음과나중
주소 03714 서울시 서대문구 수색로 8나 길 1
전화 031-906-9191
이메일 books9191@naver.com

디자인/기획 정세경
이메일 jeongsekyung@hanmail.net

ISBN 978-89-98073-06-0